Jennifer Eickelmann

Sexismus und Irritation im Netz

Jennifer Eickelmann

Sexismus und Irritation im Netz

Zur Effektivität widerspenstiger Videos auf YOUTUBE

Tectum Verlag

Jennifer Eickelmann

Sexismus und Irritation im Netz
Zur Effektivität widerspenstiger Videos auf YOUTUBE

ISBN: 978-3-8288-2998-5

Umschlagabbildung: © Trudy Obscure, www.photocase.de
Umschlaggestaltung: Ina Beneke, Tectum Verlag
Druck und Bindung: CPI buchbücher.de, Birkach
Printed in Germany

Besuchen Sie uns im Internet
www.tectum-verlag.de

Bibliografische Informationen der Deutschen Nationalbibliothek
Die Deutsche Nationalbibliothek verzeichnet diese Publikation in der Deutschen Nationalbibliografie; detaillierte bibliografische Angaben sind im Internet über http://dnb.ddb.de abrufbar.

Inhalt

1. Einleitung

Spätestens seit Beginn des 21. Jahrhunderts ist der Computer mit Internetzugang nicht länger als Privileg einer intellektuellen Elite anzusehen, sondern vielmehr als allgegenwärtiges Medium innerhalb eines globalen Netzwerkes. Die „Vermassung des Internet"[1] ist gesellschaftliche Realität – Der Cyberspace ist Teil des Alltags von partizipierenden Individuen. Seit Beginn der Etablierung eines neuen Diskurses über die Möglichkeiten neuer Informations- und Kommunikationstechnologien, kristallisierten sich (cyber-)feministisch orientierte Stimmen heraus, die das World Wide Web[2] zu einer technologischen Alternative zu bestehenden gesellschaftlichen Geschlechterhierarchien deklarierten, was nicht zuletzt mit der Konzeption des Internets als körperlosen Raum zusammenhing.[3] Der Cyberfeminismus des späten 20. Jahrhunderts formulierte seine Kritik dezidiert gegen „einen universalen Gebrauch festgeschriebener Identitätskategorien sowie die Isolierung einzelner Kategorien wie eben der des *Geschlechts*"[4]. Das Web wurde als Raum imaginiert, in welchem Verschiedenheiten gelebt werden und gesellschaftliche Stereotype abgelegt werden können: „Identity explodes in multiple morphings and infiltrates

---

1 Lovink, Geert (2003): Dark Fiber. Auf den Spuren einer kritischen Internetkultur. Hrsg. v. d. Bundeszentrale für politische Bildung. Schriftenreihe Band 425. Bonn, S. 7.

2 Das World Wide Web (in dieser Arbeit synonym zu dem Begriff ‚Web') stellt eine spezifische Anwendung innerhalb des Internets dar (neben E-Mail oder Instant-Messaging) und geht auf den britischen Physiker Tim Berners-Lee zurück. Die Verwendung von Graphik, verschiedenen Textformaten und der Möglichkeit an beliebigen Stellen Verweise (sog. ‚links') zu integrieren zeichnet das WWW aus. 1991 entstanden erste Implementierungen des WWW. Für eine breite Öffentlichkeit nutzbar wurde das WWW 1994, als Marc Andreesen den ersten Web-Browser entwickelte und damit den weltweiten Durchbruch des World Wide Webs ermöglichte. Vgl. dazu: Gumm, Heinz-Peter; Sommer, Manfred (2006): Einführung in die Informatik. München, S. 628f.

3 Pol.it - The italian on line psychiatric magazine (1996): Interview with Sherry Turkle. http://www.priory.com/ital/turkleeng.html (20.12.2009).

4 Draude, Claude (o.J.): Introducing Cyberfeminism. http://www.obn.org/reading_room/writings/ html/ intro.html (12.11.2009).

the system at root." [5] Der Computer und die *digitale Revolution* wurden zum Symbol für Vielfalt und gesellschaftlichen Wandel.

Heute, rund 30 Jahre später, lassen sich die zu Beginn der *Computer-Ära* geäußerten Verheißungen kritisch analysieren. Die Weiterentwicklung der Nutzungsmöglichkeiten des Internets, welche bereits Ende des 20. Jahrhunderts begonnen hatte, führte zu verschiedenen Anwendungen, welche durch den von Tim O'Reilly geprägten Begriff *Web 2.0* zusammengefasst werden können.[6] Trotz der Schwierigkeit eine allgemeine Definition zu entwickeln, lässt sich sagen, dass jene Anwendungen, welche als dem *Web 2.0* zugehörig ausgewiesen werden, sich vor allem durch die Möglichkeit zur interaktiven Partizipation auszeichnen. Dazu gehören bspw. Blogs, in denen sich die User schriftlich über unterschiedliche Themen austauschen können, Wikis, bei denen es sich um nutzergenerierte Lexika handelt oder Videoportale, in welchen selbstproduzierte Videos hochgeladen und rezipiert werden können. Im Zuge dieser Entwicklungen lässt sich nun die kritische Frage stellen, ob sich die Imagination eines Raumes, welcher frei von hegemonialen Macht- und Herrschaftsstrukturen existiert, tatsächlich eingelöst hat. Welche Diskurse (re-)produziert das *Mitmach-Web* tatsächlich?

Um diese Frage diskutieren zu können, scheint es unabdingbar, den Blick auf das Internet zu spezifizieren, indem das Augenmerk auf ausgewählte performative Praxen im World Wide Web gelegt wird. In dieser Arbeit wird das Videoportal YOUTUBE im Fokus der Analyse stehen. Plattformspezifische Funktionsweisen sollen in Hinblick auf ihre Bedeutung für Konstruktionsprozesse diskutiert werden. Die Online-Plattform YOUTUBE bietet seinen Nutzer_Innen[7] die Möglichkeit, ihre (selbstproduzierten) Videos kostenlos hochzuladen oder die Videos anderer Nutzer_Innen zu rezipieren.

---

5 VNS Matrix (1996): Bitch Mutant Manifesto. http://www.obn.org/reading_room/manifestos/ html/bitch.html (04.02.2010). Die VNS-Matrix ist eine australische cyberfeministische Künstlerinnengruppe. http://lx.sysx.org/vnsmatrix.html (08.02.2010).

6 O'Reilly, Tim (2005): What Is Web 2.0? Design Patterns and Business Models for the Next Generation of Software. http://oreilly.com/web2/archive/what-is-web-20.html (23.03.2012).

7 Für diese schriftliche Form, dessen Hintergrund und Begründung vgl. den Text von s_he (http://arranca.org/ausgabe/28/performing-the-gap, 25.04.2010) als Kritik zwangszweigeschlechtlicher symbolischer Formen.

Der Inhalt der Videos reicht hierbei von WebCam-Tagebucheinträgen, über mehr oder weniger aufwendig inszenierte Tanzaufnahmen, Musikvideos oder Beauty-Tipps bis hin zu zufällig entstandenen Handyvideos von Freunden oder Familienmitgliedern. Die meisten der *Web 2.0*-Portale – und so auch YouTube – sind mit einer Mitgliedschaft in einer *Community* verbunden, welche die notwendige Bedingung für die aktive Partizipation der Nutzer_Innen untereinander darstellt. YouTube bietet seinen Mitgliedern so die Möglichkeit über die Kommentarfunktion miteinander zu kommunizieren und die Videos zu diskutieren. Außerdem besteht die Option zu einer Bewertung der Videos; schnell ergeben sich aus diesen Funktionen *Rankings*, welche die Videos je nach Beurteilung hierarchisieren.

Die Hoffnungen und Verheißungen, die einst der Cyberfeminismus der 80er Jahre deklariert hatte werden rund 30 Jahre später wiederaufgegriffen, um am Exempel YOUTUBE beurteilen zu können, welche Geschlechtsnormen die *performative Praxis Internet* tatsächlich evoziert, produziert und reproduziert. Verfügt die weltweit am dritthäufigsten[8] angeklickte Homepage über das Potenzial klassische Kategorien und Normen zu unterminieren und somit einen gesellschaftlich wichtigen Beitrag zu leisten? Oder fungiert sie als Raum der Reproduktion bzw. Verschärfung diskursiver Konfigurationen? Inwiefern die Community-Mitglieder an der Beantwortung dieser Frage beteiligt sind, wird sich im Laufe der Analyse zeigen.

Bei der Analyse und Diskussion der oben genannten Fragestellung wird eine sozialkonstruktivistische und diskurstheoretische Position in Anlehnung an Judith Butler eingenommen. Im Zentrum der Arbeit steht die Überprüfung der Butler'schen These, dass der wiederholende Sprechakt ein Akt des Widerstandes sein kann und somit eine immanente Widerständigkeit besitzt, mit sozialen Kontexten zu brechen und in neuartiger, kritischer Weise zu zirkulieren.[9] Welche Faktoren bestimmen, ob ein performativer Akt mit Kontexten bricht oder ob er klassische (Geschlechts-)Stereotype reproduziert? Am Beispiel YOUTUBE soll geprüft werden, inwiefern der *user generated content* zum Bruch klassischer (Geschlechts-)Normen beiträgt und an welchen Stellen man an die Grenzen

---

8 Alexa. The Web Information Company (2010): Top Sites. Global 500. http://www.alexa.com/topsites (23.03.2012).

9 Butler, Judith (1998): Hass spricht. Zur Politik des Performativen. Berlin, S. 26ff.

des Portals stößt. Wie wird auf der Video-Plattform YOUTUBE ausgehandelt, ob Inhalte kritisch-subversives Potenzial besitzen oder ob sie lediglich als Reproduktion und Restabilisation geschlechtsspezifischer Normzuschreibungen fungieren?

Die Auseinandersetzung mit dem Videoportal YOUTUBE erfolgt anhand der Frage nach symbolisch-diskursiven Konfigurationen, welche mithilfe des Portals in eine breite Öffentlichkeit transportiert werden. Dabei wird YOUTUBE als eine Praxis der Performativität von Geschlechtlichkeit betrachtet. Die Kategorie Gender wird hierbei als epistemisches Diskursobjekt verstanden, welches unmittelbar mit Wissensproduktion und Wissensreproduktion verknüpft ist. Somit wirft eine gendertheoretische Perspektive ebenso Fragen nach der Konstruktion weiterer Kategorien wie *Rasse* oder *Schicht* auf, welche jedoch den Rahmen dieser Arbeit sprengen würden, wobei darauf hingewiesen sein soll, dass die Relevanz weiterer sozialer Kategorien nicht zu untergraben versucht wird.

Der Fokus der Untersuchung liegt vor allem auf der Sprache als Handlungsmacht, wobei das feministische Potenzial ihres Ansatzes bei Butler aus der Annahme geschöpft wird, dass der Sprechakt potenziell mit Konventionen brechen kann.[10] Die Arbeit versteht sich als Beitrag zu einem relativ neuen und unbewohnten Feld medien- und kulturwissenschaftlicher Auseinandersetzungen. Butlers sprachwissenschaftliches Konzept der Performativität wird somit vorerst an hypertextuelle Bedingungen des Sprechens angepasst, um das Konzept für eine medienwissenschaftliche Betrachtung des Webs fruchtbar machen zu können. Ermöglicht YouTube es, dass sprachliche Äußerungen in neuartiger, kritischer Weise zirkulieren?

Um dieser Frage näher nachzugehen, wird in einem nächsten Schritt das parodistische Video „Show me your genitals" von Jon Lajoie auf der Plattform YouTube analysiert. Das Video wurde bis dato über 52,4 Mio. Mal angeklickt und wird innerhalb der Community heftig debattiert[11]. Die Parodie beinhaltet sowohl die überspitzte körperliche Inszenierung des Hip-Hop-Habitus', als auch die ironische und überhöhte Zitation der für die Hip-Hop-Musik üblichen sexistischen Inhalte auf der Ebene der Sprache. Anhand dieses Beispiels soll überprüft werden, ob die Desidentifizierung der Performance zu einer Resignifikation der sexistischen

10 Butler, J. (1998), a.a.O.

11 YouTube (2008): Show me your genitals. http://www.youtube.com/watch?v=qqXi8WmQ_WM (11.07.2012).

Aussagen innerhalb der YOUTUBE-Community führt. Um diese Effektivität einschätzen zu können, wird in einem zweiten Schritt Bezug auf die Kommentarfunktion der Plattform YouTube genommen, zumal die Architektur von *Web 2.0*-Anwendungen vorgibt, dass die Kommentare und Bewertungen der Community direkt auf das Angebot zurückwirken. Da performative Handlungen auf Konventionen angewiesen sind, wird mithilfe der Kommentare der Community geprüft, innerhalb welcher Bedeutungskette die User_Innen die Äußerungen verorten. Es geht also um die Frage, unter welchen Bedingungen das Sprechen innerhalb hypertextueller Strukturen ein tatsächlicher Akt des Widerstandes sein kann. Die Beschäftigung mit der Auswahl des Videos und der Systematisierung der kaum überschaubaren Kommentarlandschaft sensibilisiert für methodische Herausforderungen im Umgang mit dem Medium Internet. Es wurde versucht, unter inhaltlichen Gesichtspunkten Systematisierungen vorzunehmen und somit die Fülle an Daten sinnvoll ordnen und bewerten zu können. Diese Arbeit erhebt keinen Anspruch auf Repräsentativität in dem Sinne, dass generalisierende Aussagen über das Netz gemacht werden können. Vielmehr bedingt die enorme Datenfülle und Dynamik des Netzes eine konkrete Fokussierung auf bestimmte Prozesse und Praktiken im Netz, die lediglich den Status Quo der Netzkultur zum Untersuchungszeitpunkt wiedergeben können. Dieses Vorgehen – d. h. die Theoretisierung der Fragestellung zum einen und die Systematisierung der Datenfülle zum anderen – erlaubte es nun, über das Videoportal YOUTUBE transportierte diskursive Normen auf unterschiedlichen Analyseebenen zu diskutieren.

2. Cyberfeministische Utopien

„Trying to flee the binary I enter the chromozone which is not one
XXYXXYXXYXXYXXYXXYXXYXXYXXYXXYXXYXXYXXYXXYXX
genderfuck me baby
resistance is futile"[12]

VNS MATRIX

Heftige Diskussionen prägten in den 1980/90er Jahren den Diskurs über die gesellschaftlichen Möglichkeiten und Folgen neuer digitaler Technologien. Diese von Polarisierung geprägten Debatten bewegten sich von Angst und Verunsicherung bis hin zu Faszination und Überwältigung. Es entstand eine neue Form des feministischen Engagements – der Cyberfeminismus. Ausgangspunkt cyberfeministischer Ansätze bildet Donna J. Haraways Manifest für Cyborgs.[13] Die neue Etablierung der Technowissenschaften, darunter: Konstruktivismus, Systemtheorie und Informationstheorie, bestimme nach Haraway die Rahmenbedingungen der postmodernen Gesellschaft.[14] In ihrem Manifest propagiert Haraway eine neue Form des Feminismus, dessen Basis die Hybridität von Maschine und Organismus darstellt. Aufbauend auf der Idee dieser Hybridität entwickelt sie das Konzept des Cyborg[15], ein Mythos des Fortschritts. Cyborgs machen sich demnach zur Aufgabe, Grenzen zu verwischen und aufzulösen, eine (politische) Opposition zu bilden und Uneindeutigkeiten zu evozieren. Zentraler Bestandteil dieser Verheißung bilde die Auflösung von Dualismen, wobei ontologische Unterscheidungen ad absurdum geführt werden sollen.[16] Cyborgs haben dem-

---

12 VNS Matrix (1996), a.a.O.

13 Haraway, Donna J. (1995): Ein Manifest für Cyborgs. Feminismus im Streit mit den Technowissenschaften. In: Dies.: Die Neuerfindung der Natur. Primaten, Cyborgs und Frauen. Frankfurt a.M.; New York, S. 33-72.

14 Deuber-Mankowsky, Astrid (2007): Das virtuelle Geschlecht. Gender und Computerspiele, eine diskursive Annäherung. In: Holtorf, Christian; Pias, Claus (Hrsg.): Escape! Computerspiele als Kulturtechnik. Köln; Weimar; Wien, S. 90.

15 Die rhetorische Figur des Cyborg wird als eine weibliche Figur konzipiert: Die Cyborg.

16 Haraway, D., a.a.O., S. 67.

entsprechend kein Geschlecht, vielmehr stellen sie „Hybride, Mosaike, Chimäre" dar: „Cyborgs sind Geschöpfe einer Post-Gender-Welt."[17] Sandy Allucquére Stone positioniert sich ebenfalls innerhalb dieses technowissenschaftlichen feministischen Diskurses. Sie kritisiert die Reproduktion von Eindeutigkeiten und Geschlechterdichotomien seitens des Feminismus. Sie selbst ist Male-to-Female-Transsexuelle und lanciert ein von Multiplizität geprägtes Verständnis von Geschlechtsidentität. Hierbei bezieht sie sich ausdrücklich auf Judith Butler und ihr Konzept der Performativität. Die Varietät der performativ hergestellten Geschlechtlichkeit stünde einem intelligiblen Geschlechtskörper gegenüber, welcher einem medizinischen Diskurs entstamme. Der daraus entstehenden Pathologisierung Transsexueller solle entgegen gewirkt werden, indem neue unvorhersehbare Dissonanzen und Begehrensspektren hergestellt werden.[18] Der Cyberfeminismus schließt sich an diese Argumentationen an und stellt gewissermaßen eine Konkretisierung des Haraway'schen *Cyborgfeminismus* und den Versuch einer Übersetzung in die Praxis dar. Was genau unter *Cyberfeminismus* zu verstehen ist, ist schwierig zu fassen, wobei dieser Umstand bewusst von den Akteur_Innen intendiert ist. Somit solle verhindert werden, dass durch eine klare Definition des Begriffs bestimmte Aspekte augeklammert werden und sich infolgedessen ein „eingrenzbares Terrain"[19] konstituiert. Stattdessen gehe es beim Cyberfeminismus darum, „eine größtmögliche Offenheit einzufordern".[20] Folgt man den cyberfeministischen Argumentationen, so steht Cyberfeminismus vielmehr für eine „strategische Positionierung, die es ermöglicht, ein Spektrum von Zielen auf unterschiedlichen Wegen zu erreichen, immer wieder aufs neue utopische Perspektiven zu formulieren und auf ihre pragmatische Umsetzbarkeit hin zu überprüfen."[21]

Inhaltlich befassen sich diese *utopischen* Perspektiven mit den Möglichkeiten, den binären (Geschlechter-)Code aufzuheben und stattdessen Modelle von alternativen, multiplen Geschlechterarrangements zu ent-

---

17 Ebd.

18 Vgl. Stone, Sandy Alluquére (1987): A posttranssexual manifesto. In: Dies.: The Empire Strikes Back: A Posttranssexual Manifesto. http://www.actlab.utexas.edu/~sandy/empire-strikes-back (07.02.2010), sowie Haraway, a.a.O., S. 40.

19 Kuni, Verena (2002): Cherchez la Femme Fatale Digitale? Weit mehr als neue Masche: Cyberfeministische Netzwerkpraxis. http://www.kuni.org/v/obn/vk_cf_sht.pdf (04.02.2010)

20 Ebd., S. 3.

21 Ebd., S. 4.

werfen. Cyberfeminismus lässt sich daher als eine Form der differenzierteren Wahrnehmung beschreiben, welche einen neuen Blick auf die Welt, jenseits essentialistisch gefasster Identitätskonzepte, betreibt und lanciert.[22] Zu den Ausführungen, welche sich auf der Homepage der Gruppe *old boys network*[23] finden lassen, gehören beispielsweise Manifeste der VNS Matrix, welche spielerisch Begriffe aufgreifen, in technologische Zusammenhänge einbetten und somit einerseits Verwirrung stiften und sich somit andererseits im „diskursiven Kampf um den Begriff der Technik"[24] positionieren:

„(...) we are the virus of the new world disorder
Rupturing the symbolic from within
Saboteurs of big daddy mainframe
The clitoris is a direct line to the matrix
VNS MATRIX
terminators of the moral code (...)"[25]

Der cyberfeministische Diskurs stellt also eine Verbindung zwischen feministischer Kritik und neuen Technologien her, bei welcher die Imagination eines Zusammenlebens jenseits von Herrschaftsstrukturen im Zentrum steht.[26] Insbesondere die VNS Matrix schlägt hierbei einen rauen Ton an, welcher als Anführung und Aneignung sexistischer Begriffe, sowie traditioneller Konzepte, und anschließender Einbettung in technologische Begrifflichkeiten interpretiert werden kann:

(...) eat code and die (...)
The net's the parthenogenetic bitch-mutant feral child of big daddy mainframe. She's out of of control, kevin, she's the sociopathic emergent system.

---

22 Vgl. Draude, Claude (o.J.): Introducing Cyberfeminism. Ist Cyberfeminismus die feministische BenutzerInnenoberfläche für das neue Jahrtausend? Eine Einführung in den digitalen Ungehorsam von Claude Draude. http://www.obn.org/reading_room/writings/html/intro.html (12.11.2009).

23 Die Gruppe Old Boys Network (OBN) wurde 1997 in Berlin gegründet und bezeichnet sich selbst als ersten internationalen cyberfeministischen Zusammenschluss. http://www.obn.org/inhalt_index.html (07.02.2010).

24 Deuber-Mankowsky, A., a.a.O., S. 92.

25 VNS Matrix (1991): A Cyberfeminist Manifesto for the 21st Century. http://www.obn.org /reading_room/manifestos/html/cyberfeminist.html (04.02.2010).

26 Vgl. Deuber-Mankowsky, A., a.a.O., S. 89.

Lock up your children, gaffer tape the cunt's mouth and shove a rat up her arse (...) SUCK MY CODE (...)"[27]

Dieser raue Ton speist seine Legitimation vermutlich aus dem Umstand, dass Cyborgs respektlos seien, wobei hierbei eine Respektlosigkeit gemeint sei, welche bestehende Wertemuster bewusst durchkreuzt und untergräbt, denn Cyborgs, und in diesem Sinne auch Cyberfeminist_Innen, können sich „nicht an den Kosmos erinnern"[28]. Die beiden Manifeste der VNS Matrix weisen keine klare argumentative Struktur auf, sondern lassen sich vielmehr als aneinandergereihte Kampfansagen gegen die *patriarchale Macht im Cyberspace* (big daddy mainframe) lesen. Man kann also sagen, dass cyberfeministische Netzwerkpraxis nicht nur inhaltlich, sondern auch formell die digitalen Technologien thematisiert. Cyberfeministische Netzwerkpraxis ist in diesem Sinne unmittelbar mit einer Ästhetik verknüpft, welche neue technologische Möglichkeiten für sich nutzbar macht. Virtuelle Realität wird mit Theorie- und Kunstproduktion verknüpft.[29] Cyberfeminist_Innen positionieren sich also insofern innerhalb eines diskursiven Kampfes um neue Technologien, als dass sie diese anführen, sich diese aneignen und für sich brauchbar machen. So erinnern die Manifeste der VNS Matrix in ihrer Form an sogenannte HTML-Frames[30], wobei andere Akteur_Innen auf eine eigene Homepage setzen, auf welcher der Weg durch zahlreiche Verlinkungen die Leser durch den Inhalt führt.[31]

Die britische Autorin Sadie Plant thematisiert das Verhältnis von neuen Technologien und Geschlecht, indem sie sich mit der Relevanz des Maschinencodes befasst.[32] Die Nullen und Einsen des Maschinencodes seien als Symbole für die Ordnungen der westlichen Welt, d. h. für die Dual-

---

27 VNS Matrix (1996), a.a.O.

28 Haraway, D., a.a.O., S. 36.

29 Vgl. Deuber-Mankowsky, A., a.a.O., S. 89.

30 HTML (HyperText Markup Language) ist eine textbasierte Seitenbeschreibungssprache. HTML ist als notwendige Bedingung der Existenz des Word Wide Webs anzusehen. Vgl. Shelly, Gary B.; Woods, Denise M.; Dorin, William J. (2009): HTML. Comprehensive Concepts and Techniques. Boston, S. 1-10. Zur Ansicht eines HTML-Frames vgl.: http://www.htmlbasis.de/htmlkurs/h_frame2.htm (07.02.2010).

31 Vgl. von Oldenburg, Helene (o.J.): What is Cyberfeminism. http://www.obn.org/reading_room/writings/html/statistics.html (06.02.2010).

32 Plant, Sadie (1998): nullen + einsen. Digitale Frauen und die Kultur der neuen Technologien. Berlin, S. 42ff.

ismen der westlichen Welt anzusehen. Sie betrachtet die Eins als Repräsentant von Männlichkeit und die Null als Repräsentant von Weiblichkeit, wobei die Null, und somit die Frau „wie ein Loch, eine Lücke, eine Leerstelle, ein Nichts"[33] auftrete. Sadie Plant nimmt explizit eine feministische Position ein, indem sie gegen diese Repräsentationen argumentiert und versucht die *eigentliche* Weiblichkeit der technologischen Entwicklung zu betonen.[34] Dies gelingt ihr allerdings nur bedingt überzeugend, da sie in ihrer Argumentation das Geschlecht erneut essentialisiert.

Die amerikanische Psychologin Sherry Turkle befasst sich ebenfalls mit den Auswirkungen neuer Technologien für Subjekte, wobei sie hierbei keine explizit feministische Perspektive einnimmt. Der Titel des ersten Werkes von Sherry Turkle aus dem Jahre 1984, in welchem sie sich mit neuen Computertechnologien und den Auswirklungen auf das Verhältnis von Mensch und Maschine auseinandersetzt, trägt in der deutschen Übersetzung den treffenden Titel „Die Wunschmaschine". Turkle betrachtet den Computer als „evokatorisches Objekt, als ein Objekt, das uns fasziniert, unseren Gleichmut stört und unser Denken neuen Horizonten entgegentreibt"[35]. Das Internet wird hier als eine Art *Experimentallabor* einer Multirollenexistenz konstruiert, bei welchem das vermeintlich grenzenlose Austesten von (Geschlechts-) Identitäten zur Imagination einer besseren Welt führe.[36] Zentrales Anliegen dieser Argumentation stellt die Betonung der Ermöglichung von Vielfalt in Beziehungen dar, wobei nicht zuletzt mit der Unverwundbarkeit der Subjekte bei der Internet-Kommunikation argumentiert wird. Dieses Potenzial ergebe sich daraus, „daß wir uns an Computerbildschirmen in unsere eigenen Dramen projizieren, in denen wir Produzent, Regisseur und Star in einem sind. (…) Computerbildschirme sind eine neue Arena für unsere erotischen und intellektuellen Phantasien."[37]

Hierbei fokussiert Turkle vor allem auf MUDs[38], welche den Geschlechtsrollenwechsel im World Wide Web ermöglichten, ohne dabei

---

33 Ebd., S. 43.

34 Zur Kritik an Sadie Plant vgl.: Bonik, Manuel (1999): Nullen + Einsen. http://www.spiegel.de/ kultur/literatur/0,1518,18622,00.html (09.02.2010).

35 Ebd., S. 10.

36 Vgl. Ebd., sowie Turkle, Sherry (1995): Leben im Netz. Identität in Zeiten des Internet. Reinbek bei Hamburg.

37 Turkle, S., a.a.O., S. 38.

38 MUD ist die Abkürzung für Multi User Domain.

jedoch explizit die Dekonstruktion der Zweigeschlechtlichkeit zu forcieren. Hintergrund dieses Blickes auf die Möglichkeiten neuer Technologien ist zwar eine konstruktivistische Perspektive, welche die Idee der Herablösung der Geschlechtsidentität von den Zwängen körperlicher Materialität bedingt[39], allerdings imaginiert Turkle das World Wide Web nicht als Raum jenseits der Geschlechterdichotomie, sondern reproduziert diese implizit in ihren Ausführungen.

Die letztendliche Irrelevanz des *realweltlichen* Körpers, bzw. die Auflösung des klassischen Verständnisses vom *Natur-Körper*[40], bildete also das Zentrum konstruktivistischer, sowie feministischer Argumentationen, welche vor der Jahrtausendwende den technologischen Diskurs rund um das Internet maßgeblich prägten. Obwohl nicht alle Akteur_Innen gleichermaßen die neuen digitalen Technologien in Bezug auf ihr Potenzial klassische Dualismen aufzulösen hin reflektieren, bleibt ihnen eine Utopie gemeinsam:

> "People are very susceptible now to the notion that there's a better place – somewhere over the rainbow, way up high, where there isn't any trouble. Of course that place is the online world. In other words, our confusion and insecurity makes us want to believe that there is a technological alternative."[41]

Im Folgenden der Arbeit soll nun diskutiert werden, ob das World Wide Web tatsächlich eine technologische Alternative darstellt. Das Internet hat sich mittlerweile zu einem *Mitmach-Web* entwickelt, in welchem der Partizipation scheinbar kaum noch Grenzen gesetzt sind. Hat sich die Utopie der Zerstörung des *moralischen Codes* eingelöst? Wie steht es in Zeiten des *Web 2.0* um die Geschlechterdifferenz und die Möglichkeiten feministischen Widerstandes?

---

39 Vgl. Dekker, Arne: Körper und Geschlecht in virtuellen Räumen. Vortrag bei NGaT am 14. Januar 2006 in Malente. http://www.ngat.de/download/0601Dekker.pdf (02.12.2009).

40 Mit Bezug auf Haraways Konzept der Hybridität von Cyborgs.

41 Pol.it - The italian on line psychiatric magazine, a.a.O.

3. Das Butler'sche Performativitätskonzept

3.1. Cyberfeminismus revisited: Die Performativität von Geschlechtlichkeit

Der Diskurs rund um die Möglichkeiten und Potenziale des Internets wurde folglich von Beginn an durch feministische Perspektiven und Zukunftsvisionen gespeist. Die Bildung einer Opposition gegen die Vorstellung von Geschlechtlichkeit als ontologische Kategorie, und somit der Widerstand gegen ein biologistisch-ontologisches Modell der Zweigeschlechtlichkeit, ragt hierbei als zentrales Charakteristikum feministischer Arbeit heraus. Die Sichtbarmachung hegemonialer Machtstrukturen, sowie die Öffnung vermeintlicher Geschlechtergrenzen werden diesbezüglich als Strategie kommuniziert, um das Bild einer Welt jenseits festgeschriebener Kategorien zu entwerfen.

Im Folgenden sollen nun die Möglichkeiten und Grenzen des feministischen Widerstandes in Bezug auf den Status Quo der Internetentwicklung systematisch untersucht werden. Hierbei ergibt sich die Problematik, dass Cyberfeminismus nicht als konkrete Bewegung zu verstehen ist, welche „programmatisch bestimmten Zielen folgt, sondern (sie) bietet vielmehr einen ‚entry point' zu Debatten um Frauen/Feminismus/neue Technologien. Oder, um Tech-Sprache zu gebrauchen: Es handelt sich um eine feministische BenutzerInnenoberfläche, die eine Vielzahl von Anwendungen erlaubt."[42]

Der Cyberfeminismus verfügt somit (intendiert) über kein klar abgrenzbares Konzept, formuliert allerdings Strategien wie die Dekonstruktion von Geschlechtsrepräsentationen und die Unterwanderung traditioneller Konzepte im Netz: „Als RECODE, REMAP, RELOCATE, RECONSTRUCT Tech-Culture lassen sich diese Praktiken schlagwortartig beschreiben."[43] Hierbei spiele die „Unterwanderung des Mainstreams mittels ironischer Brechungen, Zitate, Umformungen"[44] eine zentrale Rolle. Eine umfassende Konzeptualisierung bleibt seitens cyberfeministi-

---

42 Draude, C., a.a.O.

43 Ebd.

44 Ebd.

scher Argumentationen allerdings weitgehend aus.[45] Um die Frage nach den Möglichkeiten und Grenzen feministischen Widerstandes im aktuellen Geschlechterdiskurs im Web und ums Web dennoch systematisch beantworten zu können, werden die cyberfeministischen Ansätze im Folgenden mithilfe von Judith Butlers Konzept der Performativität von Geschlechtlichkeit ergänzt, konkretisiert und systematisiert. Cyberfeministische Argumentationen dienten also tatsächlich als *entry point* der Analyse, wobei diese nun in einem zweiten Schritt theoretisiert werden, um symbolisch-diskursive (Geschlechter-)Ordnungen im Netz einer näheren Analyse unterziehen zu können.

Bei Butlers Geschlechtertheorie handelt es sich, wie auch bei cyberfeministischen Auseinandersetzungen, um einen konstruktivistischen Ansatz. In ihren, von ihr selbst als feministisch bezeichneten, Arbeiten wendet sie sich dezidiert gegen die Vorstellung eines ontologisch-biologischen Geschlechts, indem sie auf die performative, und somit normative, Herstellung der (Zwei-) Geschlechtlichkeit insistiert. Innerhalb des Konzeptes der Performativität entwirft Butler insbesondere in ihrem Werk *Hass spricht* eine systematische Theorie des (politischen) Widerstandes gegen hegemoniale Machtstrukturen und fokussiert somit auf die Möglichkeit der Schaffung neuer, kritischer Konventionen. Der diskursive Ansatz der Perfomativität soll nun nutzbar gemacht werden, um (cyber-)feministische Strategien und Visionen zu revisitieren und kritisch analysieren zu können, wie es tatsächlich aktuell um Geschlechtlichkeit im sogenannten *Web 2.0* steht.

---

45 Außer bei Sandy Alucquére Stone, die sich explizit auf Butlers Performativitätskonzept beruft.

3.2. Theoretisierung des Widerstandes: Das Performativitätskonzept als feministische Strategie

Judith Butler fokussiert in ihren Ansätzen auf die Sprache bzw. den Diskurs als Ort und Modus der Konstruktion von Wirklichkeit. Sie gilt als Urheberin des *linguistic turns* in der feministischen Theorie, da sie davon ausgeht, dass jede Bezugnahme auf die Welt immer und unausweichlich ein linguistischer Rekurs sein muss, welcher wiederum produktiv ist, d. h. die Welt erst konstituiert.[46] Die Grundannahme ihres sprachwissenschaftlichen Konzeptes, dass „etwas *sagen* etwas *tun* heißt"[47], bildet die Basis des Butler'schen Performativitätskonzeptes. Unter Performativität versteht Butler „(...) die ständig wiederholende und zitierende Praxis, durch die der Diskurs die Wirkungen erzeugt, die er benennt."[48] Sprache wird hier folglich als produktive Handlung gefasst, welche Bedeutungen produziert und somit Realitäten schafft. Das Konzept performativer (Sprech-)Akte entstammt ursprünglich der Sprechakttheorie von John L. Austin. Diese verknüpft sie mit der Diskurstheorie von Michel Foucault und macht sie für die Geschlechtertheorie nutzbar. Butler beschreibt die Handlungsmacht der Sprache, indem sie davon ausgeht, dass Sprache nicht nur etwas beschreibt, was getan werden könnte, sondern dieses während des Sprechens bereits tut:

> „Und insofern diese Formulierung ihrerseits in der Sprache dargeboten wird, ist die ‚Handlungsmacht' der Sprache nicht nur das Thema dieser Formulierung, sondern ihr eigenes Tun."[49]

Performative Sprechakte sind also wirklichkeitskonstituierend, insofern, als dass sie das, was sie benennen, hervorbringen. In Anlehnung an das Konzept diskursiver Performativität entwickelt Butler nun ihre Geschlechtertheorie. Das Geschlecht begreift sie demnach als stetiges Tun

---

46 Vgl. Villa, Paula-Irene (2004): (De)Konstruktion und Diskurs-Genealogie: Zur Position und Rezeption von Judith Butler. In: Becker, Ruth; Kortendiek, Beate (Hrsg.): Handbuch der Frauen- und Geschlechterforschung. Theorie, Methoden, Empirie. Wiesbaden. S. 144.

47 Austin, John L. (2002): Zur Theorie der Sprechakte. Zweite Vorlesung. In: Wirth, U., a.a.O., S. 63.

48 Butler, Judith (1997): Körper von Gewicht. Die diskursiven Grenzen des Geschlechts. Frankfurt a.M., S. 22.

49 Butler, J. (1998), a.a.O., S. 17.

und wendet sich somit gegen eine essentialistische Vorstellung von Geschlechtlichkeit. Da es nichts dem Diskurs vorgängiges geben kann und sich vielmehr jeder Realitätsbezug erst durch diskursive Normen konstituiert, sei auch das Geschlecht, und speziell die Geschlechterdifferenz, erst ein Effekt performativer Akte. Die Geschlechterdifferenz sei hierbei eine normative Struktur, die die Darstellung der körperlichen Geschlechterdifferenz bedinge.[50] Es gibt also keine prä-performativ bestehende und somit essentielle (Geschlechts-)Identität jenseits sozialer performativer Vollzüge:

„Wenn Geschlechterattribute jedoch nicht expressiv, sondern performativ sind, dann konstituieren diese Attribute in Wirklichkeit die Identität und drücken sie nicht etwa nur aus oder verdeutlichen sie nur."[51]

Diese Annahmen als Ausgangspunkt nehmend, kann nun nicht mehr vom Geschlecht als vordiskursive, anatomische Gegebenheit gesprochen werden. Mit Rückgriff auf Simone de Beauvoir konstatiert Butler:

„Beauvoir stellt fest, dass man zwar zur Frau ‚wird', aber daß dies stets unter gesellschaftlichem Druck geschieht. Und dieser Zwang geht eindeutig nicht vom anatomischen ‚Geschlecht' aus. Nichts in Beauvoirs Darstellung garantiert, daß das Wesen, das eine Frau wird, notwendigerweise weiblichen Geschlechts ist. Wenn ‚der Leib eine Situation ist', wie Beauvoir sagt, so gibt es keinen Rückgriff auf den Körper, der nicht bereits durch kulturelle Bedeutungen interpretiert ist. Daher kann es keine vordiskursive, anatomische Gegebenheit sein. Tatsächlich wird sich zeigen, daß das Geschlecht (sex) definitionsgemäß immer schon Geschlechtsidentität (gender) gewesen ist."[52]

Mit ihrem Konzept führt Butler die Sex/Gender-Unterscheidung ad absurdum, indem sie konstatiert, dass das biologische Geschlecht nicht körperlich gegeben sei, sondern eine kulturelle Norm darstelle, die zu einer Materialisierung desselbigen führe. Diese Materialisierung versteht sie gewissermaßen als präreflexive Einverleibung diskursiver Normen. Das Konzept des *biologischen Geschlechts* entstamme allerdings einem naturalisierenden Diskurs, der das *Natürliche* als dem Sozialen vorgängig beschreibe.[53]

---

50 Villa, Paula-Irene (2006): Sexy Bodies. Eine Reise durch den Geschlechtskörper. Wiesbaden, S. 139ff.

51 Butler, Judith (2002): Performative Akte und Geschlechterkonstitution. Phänomenologie und feministische Theorie. In: Wirth, U., a.a.O., S. 315.

52 Butler, Judith (1991): Das Unbehagen der Geschlechter. Frankfurt a.M., S. 26.

53 Ebd., S. 26ff.

Nachdem nun die Rolle performativer Handlungsvollzüge für die Konstitution von Geschlecht verdeutlicht wurde, wird nun der Blick genauer auf Funktionsbedingungen performativer Akte gerichtet. Warum und wie genau schafft ein Sprechakt Realitäten?

Das Konzept performativer Sprechakte geht davon aus, dass Sprechakte bereits bestehende Bedeutungen zitieren müssen, schließlich handele es sich um eine wiederholende und zitierende Praxis. Jeder Sprechakt bedeutet somit gewissermaßen den Eintritt in ein Feld bereits bestehender Symboliken und Semantiken, auf welche während des Sprechens rekuriert wird. Um Realität erzeugen zu können, müsse also eine Zitierförmigkeit des Sprechens gegeben sein, d. h., dass sie „frühere Handlungen echogleich wiedergeben“[54]. Erst dann können Sprechakte Sinn machen. Allerdings konstatiert sie für performative Sprechakte eine Kluft zwischen Sagen und Tun, das heißt, dass ein Sprechakt nicht notwendigerweise einen bestimmten Effekt vollziehen muss. Das bedeutet, dass Sprechakte zwar bestehende Bedeutungen zitieren, und somit reproduzieren, aber dass sie zugleich auch ein immanentes Potenzial besitzen, beständig neue Bedeutungen zu evozieren. Hierbei betont Butler, ebenfalls in Anlehnung an Austin, dass das Sprechen „verwundbar“ und „anfällig für ein Mißlingen“[55] sei. Diese Auflösung des Bandes zwischen Akt und Effekt exemplifiziert sie anhand der Möglichkeit zur Verletzung durch Sprache, z. B. in Form rassistischer oder sexistischer Anrufungen. Sie geht davon aus, dass die Kluft zwischen Sagen und Tun genutzt werden kann, um einer Drohung entgegenzutreten, woraus sie das politische und feministische Potenzial ihres Ansatzes schöpft. Dieses Entgegentreten benennt sie mit dem Begriff der *Resignifizierung* und verweist damit auf das Potenzial, Sprechakte aus einem ursprünglichen Kontext herauszulösen und in eine neue Bedeutungskette einzuordnen:

„(...) Allgemeiner bedeutet dies, daß die veränderliche Macht solcher Ausdrücke eine Art diskursive Performativität markiert, die nicht aus diskreten Reihen von Sprechakten, sondern aus einer rituellen Kette von Resignifizierungsprozessen besteht, deren Ursprung und Ende nicht feststehen und nicht feststellbar sind.“[56]

---

54 Butler, J. (1995), a.a.O., S. 299.

55 Butler, J. (1998), S. 23.

56 Ebd., S. 27.

Als Möglichkeiten, um einen Resignifizierungsprozess in Gang zu bringen, nennt sie die Verdoppelung des verletzenden Sprechens, z. B. in der Rap-Musik, in der politische Parodie oder Satire, aber auch in der politischen und gesellschaftlichen Kritik an dieser verletzenden Form des Sprechens. Hierbei sei das *Anführen* der verletzenden Äußerungen von zentraler Bedeutung, welche als eine Art Beweisführung für eben diese fungiere. Bei dieser Anführung handele es sich um eine Gegen-Aneignung oder Re-Inszenierung des beleidigenden Sprechens, bei welcher der ursprüngliche Kontext unterminiert werde, und somit eine Umkehrung der Effekte bewirkt werden könne. Darüber hinaus mache die kritische und abgrenzende Anführung deutlich, dass es sich bei den angeführten Inhalten um konstruierte Gegebenheiten handelt und betone somit die prinzipielle Kontingenz semantischer Gehalte.[57] Auch cyberfeministische Ansätze insistieren auf die Re-Bewertung beleidigender Äußerungen, so dass Butlers Ansatz nahtlos zur Operationalisierung dieser Idee von Widerstand dienen kann:

> „Bitch, Cunt, Slut – abwertende Bemerkungen über Frauen aus der Sprache des Malestream – werden gekidnappt und positiv neu kodiert."[58]

Im Fokus der Arbeit steht nun die kritische Analyse der Effektivität dieser dem Sprechakt immanenten Widerständigkeit im Netz. Gegenstand der Untersuchung bildet also nicht die Face-to-Face-Kommunikation, sondern die hypertextuelle Interaktivität im *Web 2.0*. Das Web hat sich im Laufe der Jahre zu einem *Sozialen Web* entwickelt, in welchem neue Interaktionsformen und komplexe diskursive Formationen entstehen. Diese Interaktionsformen und diskursiven Formationen sind wiederum von einer gewissen Fragmentierung in zahllose Teilöffentlichkeiten gekennzeichnet, welche sich in Form von Plattformen und *Communities* konstituieren bzw. konstituiert werden. So ist eine Fokussierung des Blickes auf eine spezifische Plattform innerhalb des *Web 2.0* unablässig, um bezeichnende Interaktionsmuster und Formationen herausstellen zu können. In der vorliegenden Arbeit wird dieser Blick auf das Videoportal YOUTUBE gerichtet und in Hinblick auf Mechanismen und Praktiken der performativen Herstellung der Kategorie *Geschlecht* untersucht.

---

57 Vgl. Villa, P., a.a.O., S. 150. Paula Villa exemplifiziert diesen Sachverhalt am Beispiel der Nutzung von Anführungszeichen in wissenschaftlichen Arbeiten, um die reflexive Aufmerksamkeit für die Instabilität vermeintlicher Begriffe ausdrücken zu können.

58 Draude, C., a.a.O.

Um sich der performativen Praxis YouTube nähern zu können, werden vorerst die Spezifika des *Web 2.0* dargelegt und diskutiert, um in einem zweiten Schritt zur Darlegung der Eigentümlichkeiten der Videoplattform YouTube zu gelangen.

4. Der Beginn einer neuen Ära? Mythos Web 2.0

4.1. Web 2.0 – Begriffsentstehung im Kontext wirtschaftlicher Interessen

Der Begriff *Web 2.0* ist mittlerweile zu einem Trendwort avanciert, ohne dass seine Begriffsbestimmung hinreichend geklärt ist. Aufgrund der Begriffsendung *2.0*, welcher eine Versionsbezeichnung im Kontext der Softwareentwicklung darstellt[59], fungiert der Begriff häufig als Symbol einer neuen Ära des World Wide Web. Dieser Umstand hängt nicht zuletzt mit dem Entstehungskontext des Begriffes zusammen. Tim O'Reilly entwickelte den Begriff am Anfang des 21. Jahrhunderts, durchaus im Rahmen wirtschaftlicher Interessen, als Reaktion auf das Scheitern der New Economy. Mit seiner Begriffsentwicklung konstruierte er einen Wendepunkt des World Wide Web, der nicht zuletzt durch unternehmerische Ambitionen geprägt war.[60] Seine Kontur erhält der Begriff bei O'Reilly durch die Abgrenzung vom sogenannten *Web 1.0*. Demnach fungiere das *Web 2.0* als Plattform und eröffne somit, im Gegensatz zu *Web 1.0*-Anwendungen, die Möglichkeit für die Nutzer_Innen, sich aktiv miteinzubringen, anstatt lediglich zu konsumieren. Das Entstehen solcher dezentraler und dynamischer Plattformen sei somit vor allem von den User_Innen abhängig, denn: „the service automatically gets better the more people use it."[61] Der Begriff *Partizipation* wird zu einem Schlüsselbegriff und zum Aushängeschild einer neuen *Web-Ära*:

> „Hyperlinking is the foundation of the web. As users add new content, and new sites, it is bound in to the structure of the web by other users discovering the content and linking to it. Much as synapses from the brain, with associations becoming stronger through repetition or intensity, the web of connections grows organically as an output of the collective activity of all web users."[62]

---

59 Vgl. Knappe, Martin; Kracklauer, Alexander (2007): Von Web 1.0 zu Web 2.0 – eine neue Ära? In: Dies.: Verkaufschance Web 2.0: Dialoge fördern, Absätze steigern, neue Märkte erschließen. Wiesbaden, S. 17.

60 Vgl. O'Reilly, T., a.a.O.

61 Ebd.

62 Ebd.

Die Konstruktion des Begriffes *Web 2.0* ist, unter Berücksichtigung seines Entstehungskontextes, durchaus als Versuch zu deuten, bestimmte Business-Modelle, welches das World Wide Web ermöglicht, zu propagieren. Seit der Pleite der New Economy ging es nun darum, das Image des World Wide Webs, samt seiner Plattformen, aufzubessern und neue Marketing-Strategien zu implementieren. Die neuen Web-Dienste ermöglichen beispielsweise kontextabhängiges Marketing, welches auf den Suchbegriffen der Nutzer_Innen basiert.[63] Darüber hinaus dienen Web-Communities aus wirtschaftlicher Perspektive als Möglichkeit, persönliche Daten zu speichern und für Marketing-Strategien nutzbar zu machen: „In the internet era, one can already see a number of cases where control over the database has led to market control and outsized financial returns."[64] Die Möglichkeit der potentiellen Partizipierenden, in Online-Communities ihre persönlichen Daten nur teilweise freizugeben oder auch zu verbergen, erhöhe darüber hinaus die Bereitschaft der User_Innen diese überhaupt einzustellen.[65] Daraus ergibt sich die Tatsache, dass das *Web 2.0* Internetdienste bereitstellt, welche die User_Innen aktiv in die wirtschaftliche Wertschöpfung integriert. Aus unternehmerischer Perspektive stelle das *Web 2.0* somit neue Chancen zur Realisation von Umsatzpotenzialen bereit, indem beispielsweise Daten über die Identität der Nutzer_Innen gesammelt werden:

> „For example, in the area of identity, PayPal, Amazon's 1-click, and the millions of users of communications systems, may all be legitimate contenders to build a network-wide identity database."[66]

---

63 z. B. GOOGLE ADSENSE.

64 O'Reilly, T., a.a.O.

65 Vgl. Kilian, Thomas; Hass, Berthold H.; Walsh, Gianfranco (2008): Grundlagen des Web 2.0. In: Dies. (Hrsg.): Web 2.0. Neue Perspektiven für Marketing und Medien. Berlin, Heidelberg, S. 7.

66 O'Reilly, T., a.a.O.

Aus wirtschaftlicher Perspektive lässt sich sagen, dass Web-User_Innen zu potenziellen *Kundinnen* oder *Kunden* werden und dahingehend Strategien entwickelt werden, möglichst viele Informationen über die Kundinnen oder den Kunden zu gewinnen. Diese Strategie wird gemeinhin als *Behavioral Targeting* bezeichnet und meint den Prozess, die Kundinnen oder Kunden „in einem ersten Schritt besser kennen zu lernen und ihn aufbauend darauf in einem zweiten Schritt gezielt mit maßgeschneiderten Angeboten anzusprechen."[67]

Die Begriffskonstitution O'Reillys führte also zu einer intensiven wirtschaftlichen Auseinandersetzung mit dem Phänomen *Mitmach-Web*. Zu seiner Konzeption des *Web 2.0 als Wendepunkt* des World Wide Web lässt sich allerdings eine kritische Position einnehmen. Bereits in den 1990er Jahren wurde die Idee virtueller Communities entworfen, welche die Vernetzung von Menschen als zentrales Anliegen betrachtete.[68] Unter diesem Gesichtspunkt ist das *Web 2.0* nicht als eine prinzipiell neue Errungenschaft anzusehen, sondern vielmehr als evolutionäre Weiterentwicklung, welche nicht unbedingt auf eine neue Software-Version verweist, sondern vielmehr auf einen neuen Umgang mit dem Internet. Kritische Stimmen verweisen darauf, dass bereits während der New Economy Plattformen hätten aufgebaut werden können, was teilweise auch geschah, allerdings nicht mit dem erhofften durchschlagenden Erfolg.[69] Erst als sich neuartige Kommunikationsmuster und ein neuer Umgang mit dem World Wide Web durchsetzten, etablierte sich eine Internet-Kultur, welche heute unter dem (Sammel-)Begriff *Web 2.0* zusammengefasst wird. Die Entwickler_Innen beschäftigten sich erst dann mit der Dynamisierung von Webseiten, als das Internet außerhalb einer intellektuellen Elite an Relevanz gewann und somit neuen Nutzungsansprüchen genügen sollte. An dieser Stelle wird also das komplexe Wechselverhältnis von Technik, Wirtschaft und sozialem Austausch deutlich. Wie sich hier schon andeutet, sollte eine differenzierte Auseinandersetzung mit den Spezifika und Folgen des *Web 2.0* also versuchen, verschiedene Dimensionen zusammen zu denken und somit sowohl wirtschaftliche und technische, als auch soziale Aspekte in ihrer ganzen Komplexität und

---

67 Schögel, Marcus; Walter, Verena (2008): Behavioral Targeting. Chancen und Risiken einer neuen Form des Online-Marketing. In: Meckel, Miriam; Stanoevska-Slabeva, Katarina (2008): Web 2.0. Die nächste Generation Internet. Baden-Baden, S. 164.

68 Vgl. Kilian, T. u.a., a.a.O., S. 8.

69 Vgl. Ebd., S. 8.

ihrer wechselseitigen Beeinflussung zu reflektieren. An eine differenzierte Auseinandersetzung mit der Rolle neuer Technologien in Hinblick auf ihre gesamtgesellschaftliche Bedeutung wird somit der Anspruch herangetragen, diese Paralleldiskurse zusammenzudenken. Wie die Nichtexistenz von Plattformen vor und während der Zeit der New Economy gezeigt hat, sind wirtschaftliche Interessen im Bereich des E-Business nicht ohne die Reflexion von Nutzungsgewohnheiten und -ansprüchen der beteiligten User zu denken – wohingegen umgekehrt kein Web-Dienst ausschließlich der reinen Partizipation dient, ohne dass der wirtschaftliche Markt hiervon profitiert. Dieses Wechselverhältnis wiederum muss sich somit automatisch in der (Weiter-)Entwicklung der Technik niederschlagen, da es dessen Etablierung maßgeblich beeinflusst. Die relativ späte Dynamisierung von Webseiten mithilfe von AJAX[70] und die Implementierung offener Schnittstellen (API) hing nicht damit zusammen, dass es sich um eine herausragende technische Errungenschaft handelte, sondern vielmehr ist diese späte Entwicklung dem Umstand geschuldet, dass das Internet in seinen Anfangsphasen lediglich von der *Scientific Community* genutzt wurde um Textdokumente zu schreiben und anderen Nutzer_Innen zur Verfügung zu stellen.[71] Die wissenschaftliche Auseinandersetzung mit dem Thema Internet im Allgemeinen und aktuell mit dem Thema *Web 2.0* im Speziellen wird aufgrund ihrer unbestreitbar großen kulturellen und sozialen Relevanz seit Beginn an durch geistes- und gesellschaftswissenschaftliche Perspektiven gespeist. Da sich die vorliegende Arbeit aus einer medien- und kulturwissenschaftlichen Perspektive mit dem Thema Online-Videoplattform und Gender beschäftigt, wird im Folgenden auf die soziale Dimension des *Mitmach-Webs* fokussiert. Nichts desto trotz werden die anderen Dimensionen mitgedacht werden müssen und somit entweder explizit erwähnt werden, oder ihnen wird ein Platz zwischen den Zeilen eingeräumt, denn:

„Der entscheidende Punkt ist etwas anderes – es ist die Tatsache, daß sich im Spiel mit den offenen technischen Möglichkeiten Weisen ihres Gebrauchs als neue soziale Aktionsarten etabliert haben, die, alles andere als technisch de-

70 AJAX ist die Abkürzung von „Asynchronous Java Script and XML. Hiermit ist eine asynchrone Datenübertragung gemeint, welche das Aufrufen von verschiedenen Websites gleichzeitig erlaubt. Die Seiten müssen nicht jedesmal neu geladen werden, so dass der Prozessfluss dynamisiert werden kann. Vgl. Ebd., S. 21ff.

71 Vgl. Ebd., S. 9.

terminiert, so nie hätten vorhergesagt werden können und doch das mediale Erscheinungsbild der digitalen Netzkultur prägen."[72]

Welche Prozesse der Sinnproduktion sich im *Web 2.0* vollziehen und welche Bedeutung dieses für die Konstitution der Kategorie *Gender* hat, dieser Frage wird im weiteren Verlauf der Arbeit nachgegangen.

4.2. Das Web 2.0 als Soziales Medium

4.2.1. Begriffsbestimmung Social Web

In medienwissenschaftlichen, aber auch populärwissenschaftlichen Auseinandersetzungen haben sich die Begriffe *Soziale Medien* oder *Social Web* als Pendant zum Begriff *Web 2.0* bereits etabliert, wobei hierbei nicht lediglich das Soziale den Begriff konturiert - dass Medien aufgrund ihrer Vermittlungsdimension immer und ausnahmslos sozial sind, gilt als unbestritten. Stattdessen speist der Begriff bei Stefan Münker seine Bedeutung aus dem Umstand, dass *Soziale Medien* erst im gemeinsamen Gebrauch entstehen.[73] Die Anwendungen im Web 2.0[74] sind darauf angewiesen, dass sie permanent genutzt und somit aktualisiert werden. Die Architektur der Web 2.0-Dienste basiert folglich auf der Partizipation der User_Innen. Die Ausprägung dieser Art von Teilhabe und Teilnahme kann höchst unterschiedlich sein: Zum einen basiert sie auf der Möglichkeit zur Kommentierung oder Bewertung, zum anderen können Inhalte entweder hinzugefügt oder selbst generiert werden. Die Möglichkeit zur aktiven Mitgestaltung bedingte nach Münker einen grundsätzlichen Wandel des Mediums, da es sich im Gegensatz zu einem Medium der Vernetzung von Information zu einem Medium „der spontanen Interaktion mit vernetzten Informationen"[75] gewandelt habe. Das Spezifikum dieser Veränderung sei vor allem, dass die Kommentare und Bewertungen nicht mehr auf externe Emailfunktionen ausgelagert seien, sondern

---

72 Münker, Stefan (2009): Emergenz digitaler Öffentlichkeiten. Die Sozialen Medien im Web 2.0. Frankfurt a.M., S. 25.

73 Ebd., S. 10.

74 Im Folgenden wird auf den Kursivdruck aus Gründen der Vereinfachung verzichtet. Kursivdruck wird im Weiteren nur dann wieder angewendet, wenn es explizit um *Web 2.0* oder *Soziale Medien* etc. als *Begriff* geht.

75 Ebd., S. 16.

nun direkt und unmittelbar auf das Angebot zurückwirkten. Bei den Plattformen, auf welchen Inhalte anderen Usern_Innen (re-aktiv) präsentiert werden können, handelt es sich fast ausschließlich um Open Source-Dienste, das bedeutet, dass deren Nutzung kostenfrei, jedoch meistens mit einer Anmeldung verbunden ist. Die Dienste unterscheiden sich je nach Funktion, wobei der Community-Gedanke zentral ist. Die Web-Angebote lassen sich nach Inhalt und Medienformat klassifizieren, zum Beispiel Dienste zum Austausch von Bildern und Fotos (FLICKR) oder zum Austausch von Videos (YOUTUBE; MYVIDEO), sowie, ob es sich um eine nutzerorientierte Plattform, zum Beispiel soziale Netzwerke wie FACEBOOK, MYSPACE; oder STUDIVZ, handelt, oder um eine themenbasierte Plattform, wie beispielsweise Weblogs, in denen sich die Nutzer_Innen in themenspezifischen Communities treffen und über spezifische Themen (sog. Artblogs; Funblogs oder Edublogs) und/oder Alltagserlebnisse (BLOGGER.COM) austauschen.[76]

Soziale Netzwerke und offene Informations- und Unterhaltungsplattformen verzeichnen momentan immense Wachstumszahlen. 78% der 12-19 Jährigen (n=1188) in Deutschland gaben bei der JIM-Studie des Medienpädagogischen Forschungsverbands Südwest (2011) an, dass sie täglich oder mehrmals die Woche in Web 2.0-Communities aktiv sind, wobei 74% der 16-17 Jährigen angaben, Videoportale zu nutzen.[77] Die weltweit größte nutzerorientierte Plattform FACEBOOK verzeichnete Anfang des Jahres 2010 eine Wachstumsrate von 15,93%[78]. Im Juni 2012 lag der prozentuale Anteil aller Internetuser_Innen weltweit, die die Seite FACEBOOK anklickten bei 32,62%. Das weltweit meist genutzte Videoportal YOUTUBE wurde in diesem Monat von 31,16% aller Internetuser besucht.[79]

---

[76] Vgl. O'Reilly, T., a.a.O., sowie Knappe, M. u.a., a.a.O., S. 16.

[77] Medienpädagogischer Forschungsverband Südwest (2011) (Hrsg.): JIM 2011. Jugend, Information,(Multi-)Media. Basisstudie zum Medienumgang 12- bis 19-Jähriger in Deutschland. http://www.mpfs.de/index.php?id=225 (08.07.2012).

[78] Alexa. The Web Information Company (2010): Site Info – facebook.com. http://www.alexa. com/siteinfo/facebook.com (11.03.2010).

[79] Ebd. (08.07.2012).

4.2.2. *Auf dem Schlachtfeld der Participatory Culture*

Betrachtet man diese Zahlen, so kann die herausragende gesellschaftliche Bedeutung dieser vernetzten Communities kaum noch geleugnet werden. Allerdings werden die Debatten um die gesellschaftliche Bedeutung und den Stellenwert solcher Web-Dienste noch immer – vergleichbar mit den Debatten in der Anfangsphase des Internets – kontrovers geführt. Hierbei geht es um die Einschätzung der Bedeutung einer neuen *Participatory Culture,* in welcher jede(r) Internetuser_In aktiv das Netz mitgestalten kann, es dadurch sogar erst konstituiert: „Fans and other consumers are invented to actively participate in the creation and circulation of new content“[80]. In Anlehnung an Stefan Münker lässt sich dieser Umstand noch zuspitzen, indem man sagen kann, dass es bei den Sozialen Medien gewissermaßen nichts jenseits der Aktivität der User_Innen mehr gibt. Die User_Innen nehmen also an etwas teil, was wiederum bereits usergeneriert ist. Der/die partizipierende User_In unterliegt hierbei einem grundlegend neuen Verständnis. Diese(r) ist nicht länger Konsument_In von Medien, der einer klassischen Sender-Empfänger-Struktur folgt, sondern er/sie wird zum *Prosumer,* indem er/sie aktiv Inhalte (mit-)gestaltet. Der Prosumer im Web 2.0 unterminiert also die Trennung von Aktivität und Passivität, er kann bzw. ist dazu aufgefordert gleichzeitig zu konsumieren und zu produzieren. Diese Eigenarten neuer Web-Technologien werden kontrovers diskutiert. Auf der einen Seite positionieren sich Anhänger_Innen eines Befreiungsdiskurses, welche das demokratische Potenzial der neuen Internetkultur betonen und neue virtuelle Erfahrungen ankündigen.[81] Die oben erläuterten cyberfeministischen Strategien, sowie die Entwicklung des Begriffs bei O'Reilly lassen sich also durchaus innerhalb dieses Befreiungsdiskurses lesen. Auf der anderen Seite positionieren sich kulturpessimistische Stimmen, wie die von Andrew Keen, welche die Partizipation eines/r jeden Users/Userin als Aggregat von Unwissenheit und schlechtem Geschmack beschreiben – die kulturellen Normen und moralischen Werte stünden damit auf dem

---

80 Jenkins, Henry (2006): Convergence Culture: Where Old and New Media Collide. New York, S. 290.

81 Reichert, Ramón (2008): Amateure im Netz. Selbstmanagement und Wissenstechnik im Web 2.0. Bielefeld, S. 9.

Spiel.[82] Das klassische Sender-Empfänger-Modell befinde sich in Auflösung und führe somit zum Verfall traditionsreicher Institutionen:

„Die Affen übernehmen die Macht. Verabschieden wir uns von den Experten und kulturellen Türhütern der heutigen Zeit, den Reportern, Nachrichtenmoderatoren und Redakteuren, den Musikgesellschaften und den Filmstudios in Hollywood. Der heute grassierende Kult des Amateurs bedeutet, dass die Affen bestimmen, wo es langgeht. Sie schreiben mit ihren unendlich vielen Schreibmaschinen die Zukunft. Und uns wird vielleicht nicht gefallen, wie sie aussieht."[83]

Den Trend hin zur Partizipation beschreibt Keen als leichtfertig idealisierte Demokratisierung, bei welcher (vermeintliche) Sachkenntnis entwertet und gewissermaßen eine Unterminierung der Wahrheit stattfinde. Stellt man nun cyberfeministische Argumentationen dem kulturpessimistischen Ansatz Keens gegenüber, so fällt auf, dass die beiden Positionierungen nur scheinbar divergieren. Beschäftigt man sich eingehender mit den beiden Kontroversen in der Debatte um den kulturellen Gewinn der Webtechnologien, wird deutlich, dass die Forderung des Einen die Kritik des Anderen ist. Damit soll gemeint sein, dass cyberfeministische Stimmen die Partizipation im Web als genau das verstanden und verstehen, als was Keen sie beschreibt. Der cyberfeministische Anspruch an sich und seine Arbeit, der mit Ausdrücken wie „terminators of the moral code" oder „corrupting the discourse"[84] beschrieben wird und Keens Behauptung, das Mitmach-Web habe den "gesellschaftlichen Diskurs verdorben" oder "moralische Werte stehen auf dem Spiel"[85] sind völlig deckungsgleich lesbar. Der Hintergrund der Kontroverse ist also eine unterschiedliche Bewertung der Folgen demokratischer Partizipation. Während die cyberfeministische Position mit dem Ideal, die gesellschaftliche Ordnung aus den Angeln zu heben operiert, um neue Geschlechterarrangements zu entwerfen, arbeitet der kulturpessimistische Ansatz Keens mit dem Ideal der Erhaltung traditioneller Werte und dem Expertenstatus. Die Beschreibung des Potenzials bzw. der Gefahren des WWW ist bei beiden Positionen analog, es werden lediglich andere Wertungen vorgenommen.

---

82 Keen, Andrew (2007): Die Stunde der Stümper. Wie wir im Internet unsere Kultur zerstören. München, S. 15 ff.

83 Ebd., S. 15.

84 VNS Matrix (1991), a.a.O.

85 Keen, A., a.a.O., S. 23 u. 15.

Im Folgenden der Arbeit wird angestrebt, eine dem Phänomen adäquatere Perspektive einzunehmen. Dabei soll sich weder dem Blickwinkel der Cyber-Enthusiasten, noch dem der Technologie- und/oder Kulturpessimisten angeschlossen werden, sondern es soll eine Bestandsaufnahme erfolgen, die den Status Quo der Praktiken im Netz näher betrachtet. Das Social Web wird dabei versucht als das zu sehen, was es ist - und nicht als das, was es sein soll(te); oder mit den Worten von Geert Lovink: „jenseits von ‚the good, the bad and the ugly'"[86].

Die bisherigen Erörterungen zusammenfassend kann man sagen, dass der Begriff *Web 2.0* kein eindeutiges Phänomen beschreibt, sondern aktuell vielmehr, je nach Perspektive, eine spezifische Realität des Web 2.0 hergestellt wird. Dabei konnten zwei Dimensionen der Realitätsherstellung ausgemacht werden: Zum einen die idealistische Dimension, welche sich in Euphorie oder Kulturpessimismus untergliedern lässt. Die zweite Dimension bezieht sich auf den disziplinären Zugang zum Phänomen Web 2.0. Hier lassen sich idealtypisch die Disziplinen Technik, Wirtschaft und Soziales herausarbeiten.

Nach dieser Einführung in den diskursiven Rahmen des Begriffs *Web 2.0* wird nun im Anschluss ein typischer Web 2.0-Dienst, und zwar das Video-Portal YOUTUBE, einer näheren Betrachtung unterzogen, bevor anschließend die Fragestellung noch einmal konkretisiert wird.

86 Lovink, G., a.a.O., S. 10.

Exkurs: Und was jetzt? – Web 3.0

Die Debatten um die Bedeutung des Web 2.0 werden kontrovers geführt und bislang blieb eine konkrete Gegenstandsbezogenheit und nüchterne Betrachtung des Phänomens Web 2.0 weitestgehend aus.[87] Dennoch wird in aktuellen Auseinandersetzungen bereits, wenn auch leise aber hörbar, eine neue Entwicklungsstufe des WWW kommuniziert - Das *Web 3.0*. Auch hier wird eine neue Ära des Internets prophezeit, wobei sich unter dem Begriff *Web 3.0* oder *The Pervasive Web* weitere technische Möglichkeiten subsumieren. Die Konvergenz von Web 2.0 und mobilen Medien (Handy, Messanger etc.) beispielsweise werde im *Web 3.0* eine größere Rolle spielen. Mit der Entwicklung des mobilen Breitbandinternet werden Web 2.0-Angebote überall nutzbar und es etablieren sich sogenannte QR-Tags. Dabei handelt es sich um rechteckige Schwarzweiß-Muster, welche von der integrierten Kamera des Mobiltelefons gelesen werden können, so dass man direkt auf eine Online-Adresse weitergeleitet wird.[88] Vor allem geht es in den Debatten um das sogenannte *Web 3.0* allerdings um die Möglichkeit zur semantischen Suche. Dieser Bereich der neuen Entwicklungstrends wird als *Social Semantic Web* bezeichnet und stellt gewissermaßen eine Erweiterung der Nutzungsmöglichkeiten des Web 2.0 dar, bei welcher die vorhandene Datenmenge semantisch, mithilfe von semi-automatischen Verfahren der Annotation sortiert werden und so einem beliebigen Ordnungssystem, sog. Ontologien, untergeordnet werden können. Es werden also automatisch unterschiedliche Metadaten erstellt, welche allerdings nicht top-down von Experten entworfen, sondern bottom-up auf Grundlage der zur Verfügung stehenden Daten ermittelt werden.[89] Bei diesem neuen Entwicklungstrend liegt die Betonung erneut auf dem „Ausdruck einer auf Kollaboration und Selbstorganisation aufbauenden Informationskultur“[90]. Die Ausführungen hierzu prophezeien dem Netz die Fähigkeit „ein nahezu kognitives Verständnis“ zu haben und „Sinn und Bedeutung von Inhalten erschlie-

---

87 Maresch, Rudolf (2004): Der Hype ist vorbei. Das Internet ist in der Realität angekommen. http://www.wissensnavigator.com/documents/internethype_000.pdf (09.02.2010) und Maresch, Rudolf; Rötzer, Florian (2001) (Hrsg.): Cyberhypes. Möglichkeiten und Grenzen des Internet. Frankfurt a.M.

88 Stanoevska-Slabeva, Katharina (2008): Web 2.0 – Grundlagen, Auswirkungen und zukünftige Trends. In: Meckel, M; Stanoevska-Slabeva, K., a.a.O., S. 30f.

89 Vgl. Pellegrini, Tassilo; Blumauer, Andreas (2009): The Social Semantic Web: Web 2.0 – was nun? Berlin; Heidelberg, S. 7ff.

90 Ebd., S. 10.

ßen zu können“[91]. Reflektiert man kritisch das Machtgefälle zwischen Server und Client im Zusammenhang mit der Erstellung von sog. Ontologien, d. h. Ordnungssystemen im *Web 3.0*, so bleibt abzuwarten, wie sich Information und Wissen zukünftig konstituieren wird.[92]

---

91 Stanoevska-Slabeva, K., a.a.O., S. 34.

92 Besonders interessant und nicht ganz unproblematisch ist an dieser Stelle die Ankündigung, die menschliche Fähigkeit, sich die Umwelt semantisch erschließen zu können, durch technologischen Fortschritt substituieren zu können. Ähnliche Versuche wurden bereits im Jahr 2005 unternommen, als zum Beispiel im sogenannten „Robotcup-Projekt“ der EU ein humanoider Roboter entwickelt wurde, welcher seine ‚kognitiven Fähigkeiten‘ entwickeln sollte. Die Entwicklungen im WWW schließen sich nahtlos an diesen Trend an. Die neuen Technologien sollen also die klassische Trennung von Syntax (Maschine) und Semantik, welche sich durch die Erfahrung konstituiert (Mensch) aufheben. Vgl. Vogel, Michael (2005): Humanoide wird Versuchstier der Kognitionsforschung. Robocup-Projekt der EU baut menschenähnlichen Roboter für das Studium mentaler Prozesse. In: Computer Zeitung. Nr. 16., S. 16. http://www.lira.dist.unige.it/press/ComputerZeitung.pdf. Für die kritische Reflexion der Rolle der Erfahrung und in diesem Zusammenhang zur ästhetischen Bildung des Menschen vgl.: Müller, Hans-Rüdiger (2002): Sinne und Verstand. Traditionen eines Bildungsdiskurses. In: Schüler. Themenheft Körper. S. 30-33. Sind wir, weil wir Cyborgs sind, durch Roboter substituierbar?

5. Fokussierung: Die Videoplattform YOUTUBE

5.1. Introducing YOUTUBE

„Thanks to all and everyone of you guys who has been contributing to YouTube and the community. We wouldn't be anywhere close to where we are without the help of this community."[93]
STEVE CHAN

Bei der Web 2.0-Anwendung YOUTUBE handelt es sich um die weltweit größte Videoplattform im World Wide Web. Im April 2005 luden die Gründer der Website Steve Chen, Chad Hurley und Jawed Karim das erste Video auf YOUTUBE hoch. Seitdem verzeichnete YOUTUBE zeitweise ein Wachstum von 75%, in den letzten drei Monaten betrug dieses immerhin noch ca. 15,93%.[94] Im Jahr 2009 wurde die Videoplattform vom US-Unternehmen Google Inc. für 1,65 Mrd. US-Dollar aufgekauft. Das rasante Wachstum der Website hat YOUTUBE zahlreichen Nutzer_Innen zu verdanken, welche ihre Videos hochladen und somit anderen zur Verfügung stellen, andererseits jedoch wiederum Videos ansehen, kommentieren und diesen dadurch zu einer gewissen Popularität innerhalb – aber auch außerhalb[95] – der Community verhelfen. Mittlerweile stellt YOUTUBE ein Konglomerat aus verschiedenen Akteuren dar, wie zum Beispiel Amateurfilmer/innen, aber auch Medien- und Werbeunternehmen, Fernsehstationen, Plattenfirmen, kulturellen Institutionen, Künstler_Innen und Aktivist_Innen.[96] Mit der Übernahme von YOUTUBE durch Google Inc. veränderte sich die Plattform. Zahlreiche Stimmen innerhalb der YOUTUBE-Community betrachten den Verkauf der Plattform an Google Inc. als eine Art Verrat, da sie den Grundgedanken des *freien* und

---

93 YouTube (2006): A message From Chad and Steve. http://www.youtube.com/watch?v=QCVxQ_3EJkg (10.04.2010).

94 Alexa. The Web Information Company (2010): Top Sites. Global 500. http://www.alexa.com/ siteinfo/youtube.com#keywords (11.03.2010).

95 Vgl. süddeutsche.de (2010): Das wurde aus den YouTube-Stars. http://www.sueddeutsche. de/ computer/706/506872/text/ (15.04.2010).

96 Vgl. YouTube (o.J.) Geschichte des Unternehmens. http://www.youtube.com/t/ company_history (10.04.2010).

unabhängigen Teilens von Videos durch den Marktführer Google bedroht sehen. Die Einbindung von Werbebannern oder der ständige Streit um Urheberrechte seien für sie Ausdruck der Devise „money basicly moves the world.“[97] Anhand dieser und ähnlicher Aushandlungsprozesse zwischen den Community-Mitgliedern und den Debatten um den Verkauf an Google Inc. lässt sich das Spezifikum des Videoportals YOUTUBE herausarbeiten. Und zwar stellt YOUTUBE gewissermaßen eine Synthese aus Community-Gedanken (bottom-up) und Kommerzialisierung (top-down) dar[98], indem die Website-Betreiber zwar unternehmerische Ambitionen verfolgen, wobei der Inhalt der Website nichts desto trotz user-generiert ist: „Consumer co-creation is fundamental to YouTube's value proposition as well as to its disruptive influence on establishing media business models.“[99] Lawrence Lessigs Betrachtungen zufolge stellt diese Dialektik von Gemeinschaftsbildung (community) und globaler Kommerzialisierung eine neue Form von *hybrid economies* dar.[100] Uneingeschränkte Möglichkeiten für neue Marketing-Strategien und Geschäftsmodelle werden also genauso propagiert, wie andererseits – und dies ist für die folgende Betrachtung von höherer Relevanz – YOUTUBE als potenzielles Sprachrohr für Jedermann inszeniert wird:

> „Auf YouTube kann sich jeder Videos ansehen. Hier findet man Berichte zu aktuellen Geschehnissen aus erster Hand, Videos zu Hobbys und Interessen sowie skurrile und ungewöhnliche Videos. Immer mehr Menschen halten besondere Momente auf Video fest und mit YouTube werden sie zu den "Sendern" von morgen.“[101]

Seine Glaubwürdigkeit in Bezug auf den demokratischen Gedanken, trotz massiver Kritik vor allem in Bezug auf den Verkauf an Google Inc., festigt YOUTUBE mittels selbstgedrehter Amateuraufnahmen des Gründer-Teams. Der User erhält Einblicke in die Geschichte des Unternehmens und dessen Arbeit, indem er sich auf der Website selbstgedrehte, verwackelte Videos in schlechter Qualität ansehen kann, auf welchen die

---

97 Vgl. die Kommentare zum Video „A message From Chad and Steve“, in welchem zwei der YouTube-Gründer den Verkauf an Google Inc. bekannt geben. http://www.youtube.com/watch?v=QCVxQ_3Ejkg (10.04.2010)

98 Vgl. Snickars, Pelle; Vonderau, Patrick (2009): Introduction. In: Dies. (Hrsg.): The YouTube Reader. Stockholm, S. 11.

99 Burgess, Jean; Green, Joshua (2009): YouTube. Digital Media and Society Series. Cambridge, S. 5f.

100 Lessig, Lawrence (2008): Remix. Making Art and Commerce Thrive in the Hybrid Economy. New York.

101 YouTube (o.J.): Geschichte des Unternehmens, a.a.O.

gefilmten Personen vermeintlich spontane Späße miteinander treiben, sich unterhalten und scheinbar nebenbei ihrer Arbeit nachgehen.[102] Es entsteht der Eindruck, als würde dem User ein authentischer Einblick in das Unternehmen gegeben, wobei dieses (milliardenschwere) Unternehmen für die Nutzer_Innen eher wie eine kleine Projektgruppe inszeniert wird. Dass die Gründer zeitgleich allerdings ebenso mit Medienanstalten kommunizieren und ihre Services publik machen, zeigt erneut die Dialektik des Unternehmens auf.

Nachdem nun bereits ein Überblick über YOUTUBE Inc. als Unternehmen, dessen Hintergründe und Angebote gegeben wurde, wird im Folgenden auf die spezifischen Funktionen und Nutzungsmöglichkeiten der Videoplattform YOUTUBE fokussiert.

5.2. How to Broadcast Yourself

5.2.1. Anmeldemodalitäten, Datenschutz- und Community-Richtlinien

Wie auch bei anderen Web 2.0-Plattformen müssen sich die User bei YOUTUBE anmelden, bevor sie alle Dienste uneingeschränkt nutzen können. Die passive Nutzung des Videoportals ist allerdings auch ohne eine Anmeldung möglich. Der amerikanische Kulturanthropologe Mike Wesch entwickelte in seiner Arbeit über YOUTUBE eine sogenannte 90-9-1-Regel in Bezug auf die Nutzungsgewohnheiten der Plattform. Damit sei gemeint, dass 90% der User nie miteinander interagieren, 9% gelegentlich und lediglich 1% der Nutzer_Innen die Plattform für die Interaktion nutzen.[103] Obwohl der Community-Gedanke bei der Plattform YOUTUBE von Seiten der Betreiber beworben wird, so zeige sich in der Realität, dass die meisten Nutzer_Innen sich nicht als Teil einer großen YOUTUBE-Gemeinschaft sehen, sondern das Hochladen, Ansehen, Kommentieren und Bewerten der Videos im Zentrum der Aktivität steht, nicht jedoch primär die Interaktion miteinander. Im Gegensatz zu Platt-

102 Ebd.

103 Burgess, J., a.a.O., S. 12.

formen wie FACEBOOK oder MYSPACE handelt es sich bei YOUTUBE also nicht primär um eine nutzerorientierte Plattform, da die Architektur der Website auf das Videomaterial, und nicht die einzelnen Profile der Community-Mitglieder fokussiert. Der Anmeldeprozess beinhaltet die Erstellung eines Nutzerkontos, welches nicht anonym erstellt werden kann, sondern die Angabe spezifischer persönlicher Daten, wie zum Beispiel Geburtsdatum und Geschlecht (dichotomisiert) verlangt. Bei der Anmeldung geht der/die (volljährige) User_In eine rechtliche Vereinbarung mit YOUTUBE LLC ein, welche die Nutzung des Portals nach Vorgabe von YOUTUBE LLC und GOOGLE INC. erlaubt. Diese Bestimmungen beinhalten spezifische Datenschutz[104]- und Community-Richtlinien[105]. Die Community-Richtlinien regeln zum einen die Kontrolle der Inhalte hochgeladener Videos und zum anderen den Umgang der Community-Mitglieder mit den hochgeladenen Inhalten, aber auch den Umgang untereinander. Die Community-Richtlinien klären die User_Innen darüber auf, dass als unangemessen erachtete Videos geprüft und gegebenenfalls vom System entfernt werden. Die Gründe für das Entfernen werden dem Mitglied gegenüber nicht transparent gemacht:

„Sollten wir dein Video nach der Überprüfung entfernen, kannst du sicher sein, dass wir dies aus gutem Grund getan haben, und du solltest unsere Warnung ernst nehmen."[106]

Diese hier deutlich werdende Problematik des Machtgefälles zwischen Server und Klient beschreibt Rudolf Maresch eindringlich, wenn es heißt:

„Zu einem der vielen Legenden und Mythen, die das Web umranken und die es produziert, gehört wohl, dass die Freiheitsrhetorik der Protest- und Gegenkultur oder der akademischen Welt an jenem Tag starb, an dem mächtige Cyberlords das Web als Vertriebskanal und Geldmaschine entdeckten und staatliche Regulierungswut dem freien Fluss der Daten mit juridischen Vorgaben und Eingriffen ein Ende setzte. Dieses Machtgefälle, das Server und Client, Regierungen und Bürger, Warenbesitzer und Besitzlose trennt, ist und war dem Netz aber schon von Beginn an eingeschrieben."[107]

---

104 Vgl. YouTube (2009): YouTube Datenschutzrichtlinien. http://www.youtube.com/t/privacy? gl=DE&hl=de (20.04.2010).

105 YouTube (o.J.): YouTube-Community-Richtlinien. http://de.youtube.com/t/community_ Guidelines (20.04.2010).

106 Ebd.

107 Maresch, R. (2004), a.a.O.

Die Problematik, die sich aus diesem Machtgefälle und den juridischen Vorgaben und Eingriffen im Web 2.0 ergibt, wird regelmäßig kritisiert und debattiert. Im Jahr 2007 sorgte die Plattform MYSPACE für Aufruhr, nachdem sie das Profil der kanadischen Band Kids on TV löschte. Die gesamten Daten der schwul-lesbischen Band gingen dabei verloren, ohne dass MYSPACE eine Erklärung bekannt gab. Lediglich interne Diskussionen in Diskussionsforen zum Thema Zensur gaben Aufschluss darüber, dass es sich möglicherweise um homophobe Motive handelte.[108] Auch in den YOUTUBE Nutzungsbedingungen ist nachzulesen, dass die Löschung von Inhalten ausschließlich nach eigenem Ermessen erfolge:

„YouTube behält sich das Recht vor (soll aber nicht verpflichtet sein) darüber zu entscheiden, ob Nutzerübermittlungen den Anforderungen an Inhalte entsprechen, wie sie in diesen Bestimmungen enthalten sind. YouTube darf jederzeit, ohne vorherige Ankündigung und nach ausschließlich eigenem Ermessen solche Nutzerübermittlungen entfernen, die diese Bestimmungen verletzen und/oder den zum Hochladen von Nutzerinhalten erforderlichen Zugang eines Nutzers sperren."[109]

Diese Form der Kontrolle und Reglementierung von Inhalten seitens der verantwortlichen Mitarbeiter wird durchaus sowohl vom Staat, als auch von einer breiten Öffentlichkeit mit enormer Selbstverständlichkeit verlangt. So mussten sich im Februar 2010 vier Google-Mitarbeiter aufgrund eines YOUTUBE-Videos in Italien vor Gericht verantworten. Die Besonderheit des Urteils bestand darin, dass die Mitarbeiter weder an der Herstellung, noch an der Verbreitung beteiligt waren, sich aber dennoch wegen Verstößen gegen die Datenschutzrichtlinien verantworten mussten. Das Video zeigte Schüler, die einen autistischen Mitschüler misshandelten. Die Mitarbeiter gaben an, das Video, bevor es von Google entfernt wurde, nie gesehen zu haben. Mit dem Urteil wurde nun gerichtlich beschlossen, dass Mitarbeiter von Plattformen, neben dem/der Nutzer_In selbst, für die Inhalte der Nutzer_Innen ebenso strafrechtlich verantwortlich seien. Google gab an, gegen das Urteil zu kämpfen, wobei sich das Unternehmen, in Anlehnung an die EU-Gesetzgebung, auf

---

108 Carstensen, Tanja (2008): Gender Trouble im Web 2.0 – Sexismus, Homophobie, Antifeminismus und Heteronormativität im neuen alten Internet. http://www.feministisches- inststitut.de/web2/ (15.07.2009).

109 YouTube (o.J.): Nutzungsbedingungen. http://www.youtube.com/create_account?next=%2 F%3Fgl%3DDE%26hl%3Dde (21.04.2010).

die Prinzipien der Freiheit berief.[110] Betrachtet man die Debatten um Datenschutz, Persönlichkeitsrechte, Privatsphäre und Freiheit, so wird insbesondere am Beispiel YOUTUBE deutlich, dass es sich um uneindeutige Aushandlungsprozesse handelt, welche je nach Maßgabe und Kontext erneut debattiert werden. Fakt jedoch ist und bleibt, dass ein Machtgefälle zwischen User_In und YOUTUBE LLC bzw. Google Inc. bestehen bleibt, da Google letztendendes darüber entscheidet, welche Inhalte den allgemeinen Nutzungsbedingungen widerstreben und welche Inhalte problemlos hochgeladen und rezipiert werden dürfen:

„Wir unterstützen die Redefreiheit und räumen dieses Recht jedem ein, auch bei unpopulären Standpunkten. Wir gestatten jedoch keine Hassreden, die eine Gruppe aufgrund von Rasse oder ethnischer Herkunft, Religion, Behinderungen, Geschlecht, Alter oder sexueller Orientierung/Geschlechtsidentität angreifen oder erniedrigen."[111]

Die Website von YOUTUBE verfügt über eine kleine Schaltfläche, welche eine Meldung des Videos an YOUTUBE bewirkt und diesem somit eine Relevanz für den Kontroll-Dienst der Website eingeräumt wird. Interessant ist an dieser Stelle der Umgang mit Inhalten, die gegen die Persönlichkeitsrechte bestimmter Gruppen verstoßen. In erster Linie bestimmt YOUTUBE LLC unter welchen Nutzungsbedingungen die User das Portal nutzen, allerdings offeriert die Plattform darüber hinaus den Usern die Möglichkeit, Videos, welche nach ihrem Ermessen gegen die Nutzungsbestimmungen verstoßen, zu melden. Somit kann das *Sprachrohr für Jedermann* jederzeit gekappt werden, sofern andere Community-Mitglieder ihre Aufgabe ernst nehmen. Ob dies tatsächlich geschieht, bestimmt jedoch einzig und allein YOUTUBE LLC und nicht die User_Innen. Es wird also deutlich, worauf Lawrence Lessig ebenfalls hinweist: Die Architektur einer Plattform bestimmt den Handlungsspielraum der Prosumer, die Konstitution eines diskursiven Ganzen und kann somit als Kontrollarchitektur bezeichnet werden:

„Im letzten Kapitel habe ich versucht, ein Vorurteil hinsichtlich der Natur des Netzes aufzulösen, das Vorurteil nämlich, das Netz habe eine Natur, und diese Natur bestehe in der Freiheit. Dagegen habe ich behauptet, der Charakter des Netzes beruhe zum Teil auf seiner Architektur, und es gebe viele mögliche Architekturen für den Cyberspace. Diese Architekturen verkörpern unter-

---

110 Zeit.de (2010): Google-Mitarbeiter in Italien verurteilt. http://www.zeit.de/digital/internet/2010-02/google-youtube-italien (25.02.2009).

111 YouTube (o.J.): YouTube-Community-Richtlinien, a.a.O.

schiedliche Werte, und ein Unterscheidungsmerkmal ist die Regulierbarkeit – also die Fähigkeit, das Verhalten innerhalb eines bestimmten Cyberspace zu kontrollieren. Bei manchen Architekturen lässt sich das Verhalten leichter, bei anderen schwerer regulieren. Und solche Kontrollarchitekturen treten an die Stelle der freiheitlichen Architekturen."[112]

Die Nutzungsbedingungen der Plattform sind also formell klar geregelt, rechtlich bindend und bilden die notwendige Bedingung für die aktive Teilnahme an der YOUTUBE-Community. In Hinblick darauf, dass die Partizipation an YOUTUBE im Speziellen, aber auch Web 2.0-Diensten im Allgemeinen, an rechtlich bindende Nutzungsbedingungen geknüpft sind, lässt sich folglich konstatieren, dass der/die User_In zwar frei über Inhalte entscheiden kann, dies allerdings lediglich im Rahmen der von den Website-Betreibern vorgegebenen Bedingungen, bei welchen sich YOUTUBE explizit vorbehält, diese jederzeit zu ändern, ohne die User_Innen explizit darüber informieren zu müssen. Die weitere Nutzung der Dienste wird von YOUTUBE als Akzeptanz gegenüber den veränderten Nutzungsbedingungen angesehen, wobei also die Information über Änderungen in den Vereinbarungen nicht von YOUTUBE erbracht wird, sondern von den User_Innen selbst regelmäßig überprüft werden soll. Diese Nutzungsbedingungen bestehen zunächst aus der Regelung von Kommunikationsprozessen, aber auch aus rechtlichen Vorgaben, wie z. B. der Schutz des Urheberrechts. Bei Verstößen, so kündigt YOUTUBE an, folge eine unmittelbare und unwiderrufliche Löschung des Mitgliedskontos. Dass es sich also beim WWW gemeinhin nicht um einen rechtsfreien Raum handelt verdeutlicht auch das o. g. Beispiel. Die Schüler, welche einen autistischen Jungen misshandelten, wurden mithilfe von Google ermittelt und zu zehn Monaten gemeinnütziger Arbeit verurteilt.

5.2.2. Videofunktion

Nach der für die aktive Partizipation obligatorischen Anmeldung kann der/die User_In nun sein erstes Video hochladen, andere Videos kommentieren oder sich mit anderen Community-Mitgliedern direkt austauschen. In Bezug auf die Anzahl der Videos setzt YOUTUBE keinerlei Grenzen. Im letzten Jahr befanden sich mehr als 85 Millionen Videos[113]

---

112 Lessig, Lawrence (2001): Code und andere Gesetze des Cyberspace. Berlin, S. 65.

113 Burgess, J., a.a.O., S. 7.

auf der Online-Plattform, wobei sich die Inhalte stark unterscheiden. Zum einen handelt es sich bei den Videos um selbstgedrehte Amateuraufnahmen in schlechter Qualität, zum anderen um aufwendig inszenierte (Musik-)Videos. Mittlerweile fungiert YOUTUBE als Symbol einer Gesellschaft, in der nichts ohne Bebilderung existieren kann. Die User bedienen sich der Videoplattform, um sich selbst, aber auch den für sie relevanten Themen oder Ereignissen, Ausdruck zu verleihen. Die öffentliche Rezeption des Dargestellten verleiht eben diesem den Status der Realität, so dass Bebilderungsmechanismen immer mehr in den Fokus geraten.[114] Die enorme Reichweite und somit auch Relevanz der nutzergenerierten Inhalte auf YOUTUBE hängt zum Teil auch damit zusammen, dass die Website die Möglichkeit offeriert, die Videos auch in andere Websites, wie zum Beispiel Blogs, einzubetten. Somit können die eigenen Videos, aber auch die Videos anderer Community-Mitglieder zum Beispiel in Blogs, persönlichen Websites etc. abgespielt werden. Die neuen technologischen Möglichkeiten der Videoaufzeichnung und Datenreproduktion bedingen somit ein neues Verständnis von Medien. Diese sind nicht länger unidirektional, sondern vielmehr mithilfe des Charakteristikums der Dekontextualisierung zu beschreiben.[115]

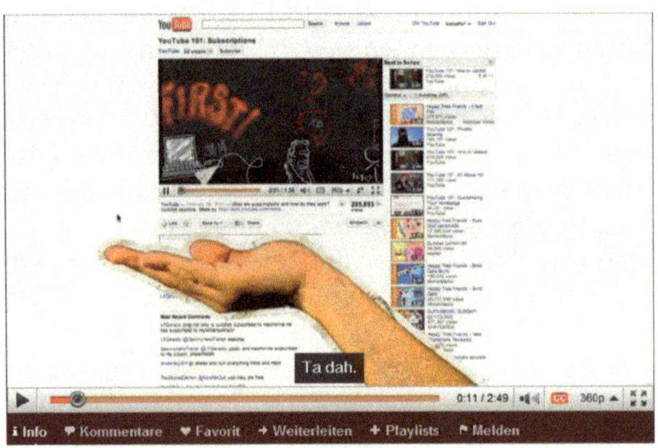

Abbildung 1: Der Videoplayer

---

114 Pauleit, Winfried (2001): Videoüberwachung und postmoderne Subjekte. Ein Hypertext zu den Facetten einer zeitgenössischen Bildmaschine. In: Nach dem Film 3. http://www.nachdemfilm. de/ content/video%C3%BCberwachung-und-postmoderne-subjekte (11.12.2009).

115 Vgl. Poster, Mark (2005): Medienphilosophie des Internet. In: Sandbothe, Mike; Nagl, Ludwig (Hrsg.): Systematische Medienphilosophie. (Deutsche Zeitschrift für Philosophie. Sonderband 7). Berlin, S. 359-379.

Das Videomaterial existiert nicht innerhalb eines festgeschriebenen Bezugsrahmens, sondern innerhalb eines spezifischen, jederzeit veränderbaren Kontextes. Bedeutung ist somit nicht festgeschrieben, sondern wird innerhalb eines hybriden, komplexen Gefüges verschiedener Medien immer wieder neu hergestellt. Die Bedeutung und Aussagekraft eines Videos liegt demnach nicht im Video selbst, sondern wird diskursiv in einem Prozess der Sinnzuschreibung hergestellt. Je nach Kontext und Einordnung in einen spezifischen diskursiven Rahmen, ist auch die Bedeutung des Videos höchst instabil, brüchig und dynamisch.

Um dem diskursiven Rahmen auf der Videoplattform YOUTUBE auf die Spur zu kommen, wird im Folgenden auf die Bewertungs- und Kommentarfunktion fokussiert.

5.2.3. Bewertungs- und Kommentarfunktion

Sobald der/die aktiv Partizipierende sein/ihr Video hochgeladen hat, können die anderen Community-Mitglieder unmittelbar einen Kommentar posten und/oder angeben, ob sie das Video mögen und eventuell in seiner/ihrer Favoritenliste speichern. Von diesem Moment an, speichert YOUTUBE die Anzahl, wie häufig das Video angeklickt wurde, wobei das Ansehen eines Videos auch ohne eine Anmeldung bei YOUTUBE erfolgen kann. In Folge dessen wird das Video direkt in den Kategorien-Katalog der Plattform eingeordnet und erhält – neben der Kategorisierung der Inhalte - je nach Anzahl der Klicks (Meist gesehen) oder der Qualität der Bewertungen (Beliebteste Videos) einen Rangplatz. Wie genau YOUTUBE die vorhandenen Videos einordnet, welche den Nutzer_Innen angeboten werden und welche erst explizit gesucht werden müssen bleibt dennoch undurchsichtig und ist für die Community-Mitglieder oder Nutzer_Innen kaum nachvollziehbar.

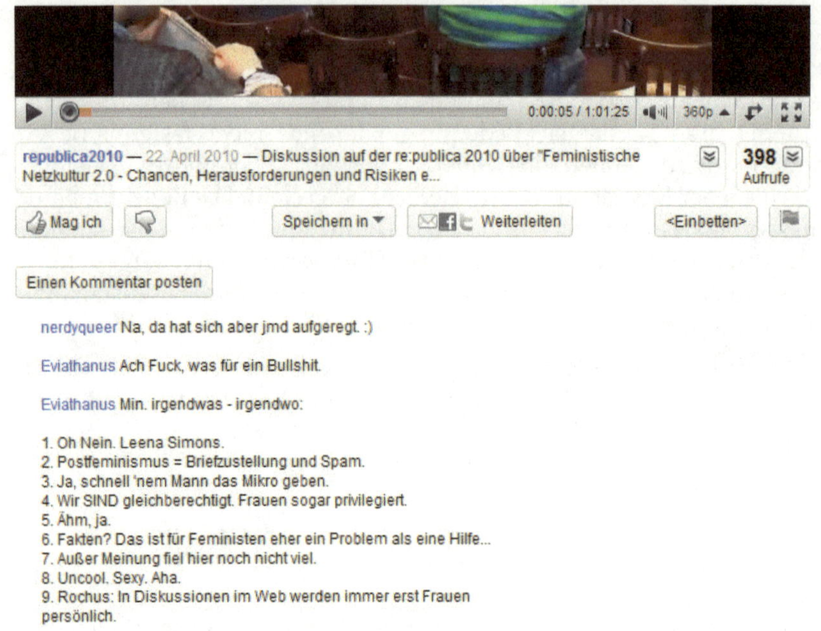

Abbildung 2: Bewertungs- und Kommentarfunktion

Weitere Kategorien, nach welchen die Besucher_Innen der Website das Portal durchsuchen können sind *Angesagte Videos, Aufsteiger, heiß diskutiert, Neueste Videos, Meiste Antworten, Favoriten, Beste Bewertung* und *Bekannt aus*.... Die inhaltliche Beschreibung der Kategorien liefert YOUTUBE nicht, so dass fraglich bleibt, worin bspw. der Unterschied zwischen *Beliebteste Videos* und *Beste Bewertung* liegen mag. Auch wenn die Plattformbetreiber die spezifischen Bedeutungen der Kategorisierung nicht darlegen, so bleibt dennoch bei den Nutzer_Innen der bleibende Eindruck, dass die vorgeschlagenen Videos nicht von den Plattformbetreiber ausgewählt wurden, sondern dass sie sich selbst aktiv Videos heraussuchen und somit frei über die Rezeption bestimmen.[116] Man kann also sagen, dass die Architektur der Plattform darauf ausgelegt ist, die User_Innen aktiv mit einzubinden, wobei nicht hinreichend geklärt ist, wieviel der Aktivität tatsächlich auf die Nutzer_Innen zurückzuführen ist und welche Inhalte von YOUTUBE Inc. aufgrund von Werbe- und an-

---

116 Vgl. http://www.youtube.com/videos

deren Verträgen promoted werden. Die Kommentar- und Bewertungsfunktion befindet sich unmittelbar unterhalb des Videoplayers. Ein weißes Kommentarfeld lädt den/die User_In gewissermaßen dazu ein, das Video zu kommentieren. Der Kommentar ist unmittelbar nach der Eingabe auf der YOUTUBE-Homepage zu sehen, so dass darauf wiederum unmittelbar reagiert werden kann. Auf den Kommentar kann zum einen reagiert werden, indem man schriftlich antwortet, eine Videoantwort verfasst, oder den Kommentar mithilfe der Buttons *positiv bewerten* oder *negativ bewerten* beurteilt. Jene Kommentare, welche von der Community die höchsten (positiven oder negativen) Bewertungen bekommen hat, werden gesondert am Anfang des Kommentarbereichs angezeigt.

Die Architektur der Videoplattform YOUTUBE zeichnet sich dadurch aus, dass der Videoplayer von den Bewertungs- und Kommentarfunktionen gewissermaßen gerahmt wird. Da die Bewertungen und Kommentare unmittelbar sichtbar und somit in unkontrollierbarer Weise aktualisiert werden können, zeichnet sich dieser diskursive Rahmen durch eine spezifische Dynamik aus:

> „Das Paradox des Rahmens besteht darin, daß es einerseits einen Rahmen geben muß, um einen Zugang zu bekommen, daß dieser Rahmen aber andererseits keine feste Grenze markiert, sondern ein beweglicher Wechselrahmen, ein Passepartout ist, der seine Wirkung in einer doppelten Geste zum Vorschein und zum Verschwinden bringt."[117]

Die Bewertungs- und Kommentarfunktion kontextualisiert also das Video auf jeweils spezifische Weise, wobei Bedeutung aufgrund von sich stetig verändernden Prozessen nicht festgeschrieben werden kann. An dieser Stelle offenbart sich das komplexe Wechselverhältnis zwischen Video und Kommentar- bzw. Bewertungsfunktion in Hinblick auf den Prozess einer dynamischen Sinnherstellung. Dieses zentrale Spezifikum von Hypertextualität wird im Folgenden der Analyse näher diskutiert und in Hinblick auf seine Bedeutung für das Gelingen eines widerständigen Aktes versucht einzuschätzen. Um diese Frage näher betrachten zu können, ist es allerdings vorerst unabdingbar, das Butler'sche Verständnis eines Sprechaktes an die Bedingungen der Hypertextualität anzugleichen: Die folgende Betrachtung von Sprechakten beschäftigt sich

---

[117] Wirth, Uwe (2002): Performative Rahmung, parergonale Indexikalität. Verknüpfende Schreiben zwischen Herausgeberschaft und Hypertextualität. In: Ders., a.a.O., S. 407.

mit Sprache innerhalb hypertextueller Strukturen, woraus sich einige Eigenarten ergeben, die für die performative Herstellung von Geschlechtlichkeit von enormer Relevanz sein werden.

6. Widerstand 2.0 – YouTube als performative Praxis der Geschlechtlichkeit

6.1. Der Sprechakt innerhalb eines multimedialen Hypertextes

Bei den folgenden Ausführungen wird nun eine sozialkonstruktivistische und diskurstheoretische Position in Anlehnung an Judith Butler eingenommen. Im Folgenden werden symbolisch-diskursive Konfigurationen näher betrachtet, wobei YouTube als eine Praxis der Performativität von Geschlechtlichkeit begriffen wird.

Bei Butlers Ansatz handelt es sich um einen diskurstheoretischen, sowie sprachwissenschaftlichen Ansatz, welcher Sprache als Ort und Modus der Konstruktion von Diskursen, und somit Geschlechtlichkeit, begreift. In ihren Arbeiten geht Butler davon aus, dass „das Sprechen selbst eine körperliche Handlung"[118] sei. Dieser Umstand soll nicht in Abrede gestellt werden, sondern an den hier vorliegenden Untersuchungsgegenstand, der Hypermedialität von Körper und Sprache, angepasst werden. Um Butlers Konzept der Performativität von Sprechakten auf elektronische Medien anwenden zu können, ist es unabdingbar, ihre Annahme des Sprechens als körperlichen Akt zu erweitern, indem die multimediale Repräsentation von körperlichem Sprechakt zum einen und das Schreiben im WWW zum anderen mit in das Konzept aufgenommen werden. Denn nicht zuletzt erhofften sich schon cyberfeministische Auseinandersetzungen, dass die im Netz ermöglichte Distanz zum Körper eine Verabschiedung vom geschlechtlich vorkodierten Körper bedeute:

> „Mit ihrem Potenzial, das Selbst und (virtuelle) Körperlichkeit als rein grafisches/textuales Produkt zu stilisieren, erzählen sie immer auch von einer Welt, in der die Materie der Leibkörper obsolet geworden ist. Im Land der ultimativen Textproduktion wird alles schreibbar und damit machbar."[119]

Doch wie ist nun diese Substitution des Körpers durch Text, d. h. Code, mit der Butler'schen Konzeption von Sprache als körperlicher Akt zusammenzudenken? An dieser Stelle ist eine Modifikation des Butler'schen, bzw. Austin'schen Sprachverständnisses unabdingbar, um es

---

118 Ebd., S. 21.

119 Draude, C., a.a.O.

auf das körperlose Netz übertragen zu können. Die Aufzeichnung des Sprechaktes qua Videotechnik stellt gewissermaßen eine multimediale Repräsentation des Sprechens im hypermedialen Raum dar, wobei der Sprechakt nicht lebensweltlich erfahrbar, sondern lediglich virtuell wahrnehmbar ist.[120] Der Sprechakt funktioniert losgelöst von der Physis des Sprechenden und kann somit uneingeschränkt wiederaufgerufen werden. In Anlehnung an Mike Sandbothe lässt sich für die Wirklichkeitskonstruktion des Virtuellen eine neue Form der Interaktivität konstatieren. Diese zeichne sich, wie schon cyberfeministische Perspektiven verdeutlichten, durch dessen Unabhängigkeit von einer realen, d. h. physischen, Anwesenheit aus. Neben der letztendlichen Irrelevanz des realweltlichen Körpers in Video-Darstellungen modifiziere die Hypertextualität im WWW allerdings auch das klassische Verständnis von Schriftlichkeit. Nach Sandbothe etabliere das WWW eine neue Dimension einer von der realen Anwesenheit unabhängigen Interaktivität, welche das klassische Verständnis von Schrift und Sprache modifiziere. Die traditionelle Trennung der Medien Schrift und Sprache sei ausgehend von diesem Interaktivitätsverständnis nun nicht länger aufrecht erhaltbar und führe zu einer Verflüssigung der Demarkationslinie eben jener:

„Die dem Schriftmedium des Buches eigene Anonymität verbindet sich im ‚Chat‘ mit der synchronen Interaktivität und der aktuellen Präsenz der Gesprächspartner, die als charakteristisch für die gesprochene Sprache in der face-to-face-Kommunikation gilt. In der ‚Computer Mediated Communication‘ verflechten sich demnach Merkmale, die bisher als Differenzkriterien zur Unterscheidung von Sprache und Schrift dienten. Das bedeutet: Der Gebrauch von geschriebenen Zeichen im Kontext des neuen Mediums Internet führt zu einer Veränderung im System der Zeichen insgesamt. Die Übergänge werden fließend. Die traditionelle Auszeichnung der gesprochenen Sprache als Medium der Präsenz wird problematisch. Die Schrift erfährt eine Rehabilitierung.“[121]

Zusammenfassend lässt sich festhalten, dass das Schreiben im WWW aufgrund synchroner Interaktivität nicht länger dem klassischen Ver-

---

120 Die hier verwendete Opposition von *real* und *virtuell* wird nicht als ontologischer Dualismus verstanden, sondern vielmehr als unterschiedliche Form der Wirklichkeitskonstruktion. Vgl. hierzu Sandbothe, Mike (2005): Interaktivität – Hypertextualität – Transversalität. Eine medienphilosophische Analyse des Internet. In: Ders.; Nagel, Ludwig (Hrsg.): Systematische Medienphilosophie. Berlin, S. 61.

121 Ebd., S. 71.

ständnis von Anonymität entspricht und dass es stattdessen die Merkmale, die dem klassischen Verständnis nach dem Medium Sprache entsprechen, in sich aufnimmt. Mithilfe dieser Argumentation, dass gesprochene Sprache ebenso in Form von Schrift erfolgen kann und diese somit nicht länger auf die physische Präsenz angewiesen ist, kristallisiert sich ein neues Verständnis von Kommunikation im WWW heraus, welches die klassische Trennung von Sprache/Schrift, synchrone Interaktivität/Anonymität, sowie Präsenz/Non-Präsenz miteinander verfließen lässt und somit eine neue Form der Kommunikation etabliert: Im WWW gibt es somit eine schriftliche Sprache, welche nicht auf die physische Präsenz der Interagierenden angewiesen ist.

Dieses Verständnis von Kommunikation erlaubt es nun, den Butler'schen Ansatz auf die schriftliche Kommunikation im Web 2.0 zu übertragen. Handelt es sich dabei, dem klassischen Verständnis nach, um Schrift, so kann mithilfe dieses spezifischen Verständnisses von Interaktivität im WWW das hypertextuelle Schreiben durchaus als spezifische Form des Sprechens verstanden werden. Das Verständnis des Sprechaktes als physischer Akt wird somit erweitert um die Möglichkeit der Nicht-Anwesenheit der/des Sprechenden in virtuellen Räumen.

Da diese Arbeit auf die Analyse des Videoportals YOUTUBE fokussiert, ergibt sich aus der Erweiterung des Sprachverständnisses von Butler eine folgenreiche Konsequenz. Auf Video aufgezeichnete Körperdarstellungen und Sprechakte fungieren nicht als Darstellung oder Handlung innerhalb eines bestimmten realweltlichen Kontextes, sondern innerhalb einer non-linearen Hypertextualität. Das bedeutet, dass die auf Video aufgezeichnete körperliche Handlung von der Physis des Darstellenden unabhängig funktioniert und somit aufgrund der Möglichkeit zur Datenreproduktion mehrfach wiederholbar ist und kontextvariabel rezipiert werden kann. Wohingegen der reale, lebensweltlich erfahrbare Körper sich stets innerhalb eines spezifischen Kontextes bewegt, führt die Hypermedialität des Körpers zu einer gesteigerten De-Kontextualisierung von Körper-Repräsentationen: „(...) Die Bilder, die wir uns von uns selbst und die andere sich von uns machen führen (...) ein von unserer Präsenz unabhängiges Eigenleben"[122]. In Anlehnung an Roland Barthes lässt sich von einer *Emanzipation der Medien* von ihrem ursprünglichen Autor, d. h. des Darstellenden, sprechen, die auf die letztendliche

[122] Ebd., S. 67.

Ungerichtetheit moderner Medien verweist: „Schreiben bedeutet, mit Hilfe einer unverzichtbaren Unpersönlichkeit (…) an den Punkt zu gelangen, an dem nicht ‚ich', sondern die Sprache ‚handelt'."[123] Wohingegen Barthes noch eine unverzichtbare Unpersönlichkeit als notwendige Bedingung der Ablösung des Sprechens vom Autor konstatiert, so macht die Ausführung von Sandbothe deutlich, dass im WWW die Unpersönlichkeit zwar aufgrund der physischen Unabhängigkeit des Sprechaktes gewährleistet ist, die besagte Irrelevanz des Schreibenden allerdings darüber hinaus auch dann gilt, wenn eine synchrone Interaktivität gegeben ist. Im WWW stirbt folgedessen gewissermaßen nicht nur der *Autor*, sondern auch der *Sprecher*. Die Problematik der Irrelevanz des Autors lässt sich somit gleichsam als Irrelevanz des Sprechers bezeichnen, wobei sich die Schwierigkeit diese Trennung im WWW aufrecht zu erhalten an dieser Stelle zuspitzt. Wohingegen der Kontext eines Sprechaktes als physischer Akt für den Sprechenden auswählbar, absehbar und eingrenzbar ist, so bedingt folglich die mediale Hypertextualität des Sprechaktes, dass der Kontext vielmehr unkontrollierbar, höchst dynamisch und nicht eingrenzbar ist.

Um die Erweiterung des Butler'schen Verständnisses von Sprechakten kurz zusammenzufassen lässt sich festhalten:

1. Im WWW ist nicht der **reale** Körper erlebbar, sondern lediglich die **mediale Repräsentation** des Körpers wahrnehmbar.
2. Das **Geschriebene** kann im WWW aufgrund direkter Synchronität als **Sprechakt** aufgefasst werden.
3. Dieser Sprechakt geschieht in **Unabhängigkeit von der Präsenz** des Sprechenden.
4. Die Non-Präsens des Sprechenden im WWW führt zu einer gesteigerten **Dekontextualisierung** des Sprechaktes und
5. Die **Re-Kontextualisierung** des Sprechaktes ist höchst dynamisch und unkontrollierbar.

---

123 Barthes, Roland (2002): Der Tod des Autors. In: Wirth, U., a.a.O., S. 105. Vgl. auch: Foucault, Michel (2000): Was ist ein Autor? In: Jannidis, Fotis; Lauer, Gerhard; Martinez, Matias; Winko, Simone (Hrsg.): Texte zur Theorie der Autorschaft. Stuttgart., S. 194-229.

Fokussiert man nun erneut auf YouTube, so lässt sich ein neues Bild des Videoportals zeichnen. Dieses kann nun als dynamisches Konglomerat von Sprechakten verstanden werden, welches wiederum als Ort und Modus der Konstruktion von Diskursen bzw. Geschlecht fungiert. Darüber hinaus ist festzuhalten, dass die Darstellungen und das Gesprochene in Videos in Unabhängigkeit der Präsenz des Darstellenden/Sprechenden fungieren. Nicht sein realweltlicher Körper wird **erlebt**, sondern der hypermediale Körper wird **rezipiert**. Diese Hypermedialität des auf Video aufgezeichneten Körpers – bedingt durch die Spezifika moderner digitaler Massenmedien, wie Ungerichtetheit und Deterritorialisierung – führt zu einer gesteigerten De-Kontextualisierung eben jener Performance. Der Darstellende/Sprechende kann zwar bedingt beeinflussen, wo sein Video rezipiert wird, indem er sich dazu entscheidet, das Video auf YouTube hochzuladen. Was allerdings fortan mit den Daten seiner Performance passiert, wie sein Sprechen kontextualisiert wird oder wer sich angesprochen fühlen wird, vermag dieser nicht länger zu steuern. Das Kommentieren des Videos kann dabei wiederum als Sprechakt der Prosumer interpretiert werden, welche damit den diskursiven Rahmen der Performance abstecken. Diese Rahmung qua Kommentarfunktion ist allerdings, aufgrund der Möglichkeit zur synchronen Interaktion, höchst variabel und dynamisch und fungiert als stets auswechselbares Passepartout.

6.2. Konkretisierung: Resignifizierungsprozesse mittels YouTube?

Nachdem nun das Butler'sche Verständnis von Sprechakten an das Sprechen innerhalb der multimedialen Hypertextualität des WWW angeglichen wurde, wird nun der Blick auf die Möglichkeiten von Resignifizierungsprozessen auf der Videoplattform YouTube gerichtet. YouTube tritt dabei als Inbegriff nicht-linearer Hypertextualität in Erscheinung, so dass sich die kritische Frage stellen lässt, wie genau sich ein widerständiger Sprechakt auf der Videoplattform YouTube gestalten kann, und von welchen Faktoren sein Gelingen abhängt. Die Möglichkeit zur Resignifikation einer sprachlichen Äußerung besteht bei Butler vor allem in ihrer Eigenschaft, potenziell mehrere Bedeutungen haben zu können. Sie konstatiert für die Sprache eine immanente Mehrdeutigkeit und Instabilität in Bezug auf Bedeutung und verortet genau an dieser Stelle das subversive Potenzial, Bedeutungsketten zu unterbrechen und neu zu kodieren:

„Wenn Äußerungen mehrere Bedeutungen haben können, dann ist ihre Macht im Prinzip weniger unilateral und sicher, als es den Anschein hat. Tatsächlich hat die Mehrdeutigkeit der Äußerung zur Konsequenz, daß ihre Bedeutung nicht immer die gleiche ist, daß ihre Bedeutung in einer wichtigen Hinsicht umgelenkt oder ausgehebelt werden kann, und, was das wichtigste ist, daß genau die Worte, die eine Verletzung herbeiführen können, genausogut ihr Ziel verfehlen und eine Wirkung herbeiführen können, die der beabsichtigten völlig zuwiderläuft. Die Kluft zwischen Äußerung und Bedeutung ist die Möglichkeitsbedingung für eine Neueinschätzung der performativen Äußerung, einer performativen Äußerung, die die Wiederholung ihres ersten Auftretens ist, eine Wiederholung, die zugleich eine Reformulierung ist."[124]

Wie oben beschrieben, erfüllt YOUTUBE also erst einmal die Möglichkeitsbedingung für eine Neueinschätzung performativer Äußerungen, da die Hypermedialität der Plattform eine unilaterale Macht unterbindet und somit quasi als Repräsentation der Kluft zwischen Äußerung und Bedeutung angesehen werden kann. Die Architektur von YOUTUBE evoziert also Mehrdeutigkeit von Sprache, da die Plattform als hybrides Medium fungiert. Zum einen dient sie als Rezeptionsmöglichkeit für audiovisuelle Darstellungen, zum anderen werden diese wiederum durch Kommentare und Rankings diskursiv gerahmt. Darüber hinaus können die audiovisuellen Darstellungen in andere Homepages eingebettet werden, deren Inhalte wiederum unvorhersehbar sind. Diese temporäre Daseinsform diskursiver Inhalte ist höchst variabel und dynamisch, nicht festschreibbar und nicht absehbar. YOUTUBE fungiert somit vielmehr als hypertextuelle Pinnwand, welche Raum für multimedial repräsentierte Inhalte bietet, und je nach hinzukommendem oder wegfallendem Notizzettel, ergibt sich ein verschiedenes diskursives Ganzes. In jedem Moment können einzelne oder mehrere Zettel wegfallen, neue hinzukommen, gleichzeitig oder auch hintereinander. Die Zettel können qua Gewichtung mal größer und mal kleiner sein, eher ins Auge fallen und mal weniger Beachtung finden. Versteht man YOUTUBE als eine solche diskursive Pinnwand, so lässt sie sich als Plattform beschreiben, welche Resignifizierungsprozesse in Gang setzen kann, da Äußerungen nicht als unidirektionale und intentionale Akte verstanden werden können, son-

124 Butler, J. (1998), a.a.O., S. 125.

dern diese vielmehr einen Effekt hervorrufen können, der dem beabsichtigtem widerstrebt:

„Ebenso wie die schriftlichen Hypertexte dient das hypertextuelle Bild als semiotische Schnittstelle im unendlichen Verweisungsgefüge des Cyberspace. (…) Bilder werden so zu flexiblen redigierbaren Skripturen. Im digitalen Modus verliert das Bild seinen ausgezeichneten Status als Abbildung der Wirklichkeit. Es erweist sich als eine ästhetische Konstruktion, als ein technologisches Kunstwerk, dessen Semiotik sich intern aus der Relation der Pixel und extern durch die hypertextuelle Verweisung auf andere Dokumente ergibt."[125]

Folgt man Butlers Argumentation, so könnte man die Videoplattform YOUTUBE nun also als potentielles Instrument des feministischen Widerstandes verstehen, da sie die Mehrdeutigkeit von Bedeutungen zulässt und evoziert. Doch wie verhält es sich nun genau mit der Problematik der Ungerichtetheit moderner digitaler Medien, der körperlosen Sprache innerhalb dieser Hypertextualität und den Erfolgschancen von Resignifizierungsprozessen? Fungiert YOUTUBE als erfolgsversprechendes Instrumentarium eben dieser oder führen die der Hypertextualität immanenten Eigenschaften zu Komplikationen?

Um sich dieser Frage zu nähern wurde ein YOUTUBE-Video ausgewählt, bei welchem es sich um eine Parodie von Geschlechterstereotypen und Sexismus in der amerikanischen Hip-Hop-Szene handelt. Das zur Exemplifikation ausgewählte Video „Show me your genitals"[126] von dem kanadischen Darsteller Jon Lajoie wird dabei als kritische Anführung sexistischer Äußerungen verstanden, welche ganz im Butler'schen Sinne eine kritische (Re-)zitation darstellt.

Vermag es nun diese anführende Inszenierung, mit klassischen Geschlechternormen zu brechen und somit einen wichtigen Beitrag zum (feministischen) Widerstand zu leisten?

---

125 Sandbothe, M. (2005), a.a.O., S. 75f.

126 YouTube (2008): Show me your genitals, a.a.O.

7. „Show me your genitals!" – Eine Spielart der Ironie

7.1. Eine YouTube-Erfolgsgeschichte

Das ausgewählte Video „Show me your genitals" stammt von dem kanadischen Comedian und Schauspieler Jon Lajoie und wurde von ihm im Mai 2008 auf YouTube hochgeladen. Folgt man den Angaben auf seiner eigenen Homepage, so begann er im Jahr 2007 eigene Videos zu drehen, in denen er selbst als Hauptdarsteller agiert, und stellte diese erstmals auf YouTube ins Internet. Aufgrund der enormen Popularität seiner Videos wurde Jon Lajoie auch über die Grenzen von YouTube hinaus bekannt, organisierte daraufhin auch Auftritte außerhalb des Webs und gründete wenig später sein eigenes Plattenlabel Normal Guy Productions.[127] Für die vorliegende Arbeit ausgewählt wurde dieses Video insbesondere aufgrund der enormen Popularität innerhalb, aber auch außerhalb der YouTube-Community. Auf die Frage, ob sein Erfolg auch ohne YouTube denkbar gewesen wäre antwortete er in einem Interview:

> „No not at all, it wouldn't have happened. You know, when I was a kid I never had dreams of LA and being an actor. If it wasn't for the internet I'd probably be in my basement sitting on a stack of scripts trying to apply for little grants to put something on CBC. That or be into porn or hard drugs. Or both."[128]

Bis Juli 2012 wurde das Video „Show me your genitals" über 55,6 Mio. Mal angeklickt und mit über 124 800 Kommentaren wird es fortwährend heftig diskutiert.[129]

Es wurde bereits erläutert, dass es keinen dem Medium Video immanenten Sinn geben kann, sondern dass dieser durch eine spezifische Rahmung, das heißt Kontextualisierung, erst konstituiert wird. Dieser Tatbestand führt nun zu der Schwierigkeit, die audiovisuelle Darstellung zu beschreiben, da diese je nach Kontext an ein diskursives Bedeutungsfeld gebunden ist und sich somit je nach diskursiver Ordnung ein spezifisches Video konstituiert. Diesen Tatbestand reflektierend, wird im Fol-

---

127 Vgl. http://www.jonlajoie.com/aboutme.html (16.06.2010).

128 It's Rodney, Mann (2009): Jon Lajoie Interview (uncensored). http://rodneymann.blogspot.com/2009/09/jon-lajoie-interview-uncensored.html. (18.06.2010).

129 YouTube (2008): Show me your genitals, a.a.O.

genden, aufgrund von praktischer Handhabbarkeit, die idealtypische Aufspaltung des Sinnzusammenhangs in die Beschreibung des Videos auf der einen Seite und das Kommentieren desselbigen auf der anderen Seite beibehalten und inhaltlich gefüllt. Dass es sich hierbei lediglich um eine idealtypische Aufspaltung handelt und sich die Bedeutungen vielmehr in einem komplexen und dynamischen Wechselspiel von Video und Kommentar konstituieren, wird im Laufe der Analyse erneut deutlich werden.

7.2. Videofunktion: Eine Performance im Zeichen der Desidentifizierung

7.2.1. *Kein Seiendes hinter dem Tun – Die Auf- und Anführung von Geschlechterbildern*

Ausgangspunkt der folgenden Betrachtung bildet also die Annahme, dass Geschlechtlichkeit performativ hergestellt wird. Dabei handelt es sich nicht um einen absichtsvollen Akt, sondern um „die ständig wiederholende und zitierende Praxis, durch die der Diskurs die Wirkungen erzeugt, die er benennt."[130] Daraus folgt, dass performative Äußerungen nicht auf ein Subjekt zurückzuführen sind, sondern vielmehr, dass sich dieses dadurch erst konstituiert. Es kann nichts dem Diskurs vorgängiges geben. Sexistische Äußerungen sind diesem Verständnis nach nicht das Produkt eines einzelnen Subjektes[131], sondern vielmehr die zitatförmige Wiederholung sexistischer Sprache, welche auf historisch überlieferten Bedeutungen beruht. Butler schildert diese diskurstheoretische Annahme anhand von Rassismus, wenn sie konstatiert:

„Die rassistische Verleumdung ist immer Zitat, und indem man sie ausspricht, stimmt man in einen Chor von Rassisten ein und produziert in diesem Moment die sprachliche Möglichkeit einer imaginierten Beziehung zu einer histo-

130 Butler, J. (1995), a.a.O., S. 22.

131 Für eine umfassende Beschreibung des diskurstheoretischen Verständnisses vom Subjekt vgl. Foucault, Michel (1982): Warum ich Macht untersuche. Die Frage des Subjekts. In: Focault,Michel / Seitter,Walter: Das Spektrum der Genealogie. Bodenheim. S.14-28.

risch überlieferten Gemeinschaft von Rassisten. In diesem Sinne hat rassistisches Sprechen seinen Ursprung nicht im Subjekt, selbst wenn es das Subjekt braucht, um Wirkungen zu haben, und das tut es mit Sicherheit."[132]

Wird im Folgenden also vom Darsteller gesprochen, so wird dieser weder als Ursprung sexistischer Äußerungen, noch als Ursprung feministischen Widerstandes verstanden, sondern vielmehr als Ausdruck und zugleich Ergebnis einer „geschlechtsspezifischen Matrix von Beziehungen"[133].

Im Folgenden wird versucht herauszukristallisieren, welche Geschlechterbilder in dem vorliegenden Video auf der Ebene der Sprache performativ hergestellt werden. Bevor der parodistische Charakter des Videos näher beschrieben wird, wird vorerst lediglich auf den sprachlichen Inhalt eingegangen, um spezifische Konstrukte von Männlichkeit und Weiblichkeit aufspüren zu können.

Um die folgenden inhaltlichen Ausführung besser nachvollziehen zu können, wird der Liedtext vorerst im Ganzen wiedergegeben:

„Women are stupid and I don't respect them,
That's right, I just have sex with them.

Refrain: Show me your genitals, your genitals...
What!
Show me your genitals...
Genitalia!
Show me your genitals, your genitals...
What!
Show me your genitals...
Genitalia!

You're talkin' to me about stuff...why?
I'd rather see your titties.
Now you're talking about other stuff...why?
I'd much rather see your titties.

I can't have sex with your personality,
and I can't put my penis in your college degree,
and I can't shove my fist in your childhood dreams,
so why you sharing all this information with me?

---

132 Butler, J. (1998), a.a.O., S. 116.
133 Butler, J. (1995), a.a.O., S. 29.

It's not sexist 'cause I'm saying it in a song,
That's right bitch, now take off your thong...

Refrain

Knock knock, who's there? It's me...
Wondering why you're not naked.
Know knock, who's there? Me again...
Still wondering why you're not naked.

I wanna see your bum, I don't care what you say,
No I don't have feelings cause feelings are gay.
Something something in the month of May,
Bitches love my penis cause it's really big.

Girls' brains are much stupider than men's are,
so they should always listen to us cause we're smart.
Women are only good for three things,
cooking, cleaning...and vaginas.

Refrain

I can give good sex to you...
cause I'm really good at sex.
I can give good sex to you...
cause I'm really good at sex.

Ahh yeah, that's right, shake your...bums.

I'm out of here...I gotta go have sex...
with a lot of girls."[134]

Der Text des vorliegenden Liedes ist in der Form der ersten Person Singular beschrieben, wobei diese die Perspektive eines Mannes darstellt. Die Konstruktion der Frau als Sex-Objekt des Mannes stellt das zentrale Thema der Auseinandersetzung dar. Dabei wird mal direkt, mal indirekt von einer hegemonialen Machtstruktur zwischen Frau und Mann ausgegangen, die die Minderwertigkeit von Frauen betont: „Woman are stupid and I don't respect them. That's right, I just have sex with them." Folgt man dem Männlichkeitsforscher Robert Connell, so kann hegemoniale Männlichkeit wie folgt definiert werden:

---

134 Video Sundry (o.J.): "Show me your genitals" Lyrics & Words by Jon Lajoie. http://www.video sundry.com/music- videos/show-me-your-genitals-jon-lajoie/ (19.05.2010).

„Hegemoniale Männlichkeit kann man als jene Konfiguration geschlechtsbezogener Praxis definieren, welche die momentan akzeptierte Antwort auf das Legitimationsproblem des Patriarchats verkörpert und die Dominanz der Männer sowie die Unterordnung der Frauen gewährleistet (oder gewährleisten soll)."[135]

Die Performance von Jon Lajoie zitiert also das Konzept der hegemonialen Männlichkeit, indem es die Dominanz von Männern dadurch aufgreift, dass der männliche Sprecher die Frau mit beleidigenden Ausdrücken *anruft* und meist im Imperativ spricht: „That's right bitch, now take of your thong...". Hierbei wird der Frau einen Handlungsspielraum und eine Daseinsberechtigung jenseits sexueller Aktivität abgesprochen, indem ihre anderweitigen Fähigkeiten und Gedanken untergraben werden: „I can't have sex with your Personality, and I can't put my penis in your college degree, and I can't shove my fist in your childhood dreams, so why you sharing all this information with me?" Männern hingegen wird dementsprechend jedes Interesse jenseits der Sexualität abgesprochen: „You're talking' to me about stuff...why? I'd rather see your titties." Sexualität wird hier also als Demarkationslinie zwischen den Geschlechtern herangezogen, wobei es sich hier um die Konstruktion eines komplementären Verhältnisses von *Männlichkeit* und *Weiblichkeit* handelt. Als Evidenzkriterium *wahrer* Männlichkeit wird auf den stark ausgeprägten männlichen Sexualtrieb und die sexuelle Aktivität des Mannes rekuriert: „I can give good sex to you...cause I'm really good at sex. I can give good sex to you...cause I'm really good at sex. (...) I'm out of here...I got to have sex...with a lot of girls." Dem komplementären Verhältnis von *Männlichkeit* und *Weiblichkeit* liegt das Modell der Heteronormativität zugrunde:

„Einer der Wege, auf denen dieses System der erzwungenen Heterosexualität reproduziert und zugleich verborgen wird, verläuft über die Aufteilung von Körpern in verschiedene Geschlechter, die einen Anschein des ‚Natürlichen' und der ‚natürlichen' heterosexuellen Veranlagung haben."[136]

Zugespitzt wird dieser Tatbestand mit einer demonstrativen Abgrenzung von Homosexualität: „No I don't have feelings cause feelings are gay." Damit beschreibt er Gefühle als Indikator von Nicht-Männlichkeit, wovon er sich demonstrativ abgrenzt. Zum anderen zeichnet er damit

---

135 Conell, Robert (2006): Der gemachte Mann. Konstruktion und Krise von Männlichkeiten. Wiesbaden, S. 98.

136 Butler, J. (2002), a.a.O., S. 310.

ein Bild von Homosexualität, welches tendenziell eher im Bereich des Gefühlvollen verortet wird. Die demonstrative Abgrenzung von Homosexualität bewirkt in diesem Kontext eine Herabwürdigung derselbigen, ohne dass eine direkte Beleidigung ausgesprochen wird. Um sich nun dem Titel bzw. dem Refrain des Liedes zu widmen, ist zu sagen, dass dieser die tragende Rolle der biologischen Konzeption von Geschlechtlichkeit zitiert. Der Imperativ „Show me your genitals" fokussiert auf die primären Geschlechtsorgane als Essenz von Geschlechtlichkeit. Zum einen kann die Aufforderung als Überprüfung der biologischen Beschaffenheit von weiblichen Körpern verstanden werden, die die notwendige und hinreichende Bedingung sexueller Aktivität bildet. Zum anderen zitiert der Sprechakt somit die Ontologisierung von Geschlechtlichkeit, indem er die Offenlegung des *Unhinterfragbaren* fordert. Was genau mit dem Wort Genitalien gemeint ist, wird an zahlreichen anderen Stellen des Textes deutlich, wenn es zum Beispiel heißt: „I can't put my penis in your college degree" oder „Woman are only good for three things, cooking, cleaning…and vaginas."

Zusammenfassend lässt sich an dieser Stelle festhalten, dass der Text vier grundlegende Performativa der Herstellung von Geschlechtlichkeit aufgreift:

1. Das Konzept hegemonialer Männlichkeit
2. Die Sexualisierung von Frauen und insbesondere Männern
3. Das Konzept der Heteronormativität
4. Die Rolle des ontologisch-biologischen Geschlechts

Durch die Zitation dieser idealtypischen Geschlechternormen wird eine spezifische diskursive Realität des Verhältnisses von Frauen und Männern im Speziellen, aber auch von Geschlechtlichkeit im Generellen performativ hergestellt:

„Daß die Geschlechterwirklichkeit erzeugt wird durch nachhaltige soziale performative Vollzüge, bedeutet: Schon die Vorstellung eines essentiellen Geschlechts, einer wahren oder bleibenden Männlichkeit oder Weiblichkeit, ist konstituiert als Teil jener Strategie, mit der der performative Aspekt der Geschlechterzugehörigkeit verschleiert wird."[137]

137 Butler, J. (2002), a.a.O., S. 315.

Es stellt sich also die Frage, wie die Verschleierung des performativen Aspektes der Geschlechterzugehörigkeit sichtbar gemacht werden kann, um somit einer Ontologisierung entgegenzutreten und Neues zu schaffen. Wie genau sich eine Form der Sichtbarmachung gestalten kann, wird im Folgenden erörtert.

7.2.2. It's not sexist 'cause I'm saying it in a song – Die Aufführung einer Geschlechterparodie

Nachdem das vorliegende YOUTUBE Video auf der Inhaltsebene betrachtet worden ist, wird nun in einem zweiten Schritt versucht zu erörtern, welche speziellen Darstellungs- und Medientechniken dazu führen, dass sich das Video als eine parodistische Inszenierung beschreiben lässt. Es wäre ein Leichtes zusagen, dass per einfachem Mausklick auf den Pfeil unter dem Videoplayer die Kategorie *Comedy* angezeigt wird und sich ein näheres Hinsehen somit erübrigt. Vielmehr soll hier davon ausgegangen werden, dass die Parodie nicht aufgrund einer Kategorisierung als solche zu jener wird, sondern dass vielmehr innerhalb der Performance darstellerische, sowie medientechnische Verfahren aufzuspüren sind, die es erlauben, die Performance als parodistisch einzustufen.

Abbildung 3: Überblick über die Szenerie

Die Beschreibung des Videos, welche unmittelbar unterhalb des Videos zu sehen ist und von demjenigen Prosumer eingegeben wurde, welcher das Video hochgeladen hat, lautet: „A song for the ladies by Jon Lajoie." Der Sprechakt innerhalb des Videos hingegen ruft Frauen mit dem Wort „Bitch" an, so dass eine unverkennbare Differenz deutlich wird. Den Rezipienten wird somit suggeriert, dass es eine Differenz zwischen der Anrufung von Frauen in der Performance und der Beschreibung der Performance, d.h. des Kontextes gibt. Mit der Anrufung „A song for the ladies" relativiert er in gewisser Hinsicht die sexistische Anrufung von Frauen und grenzt sich mit der Anrufung „lady" zumindest begrifflich von einer hegemonialen Machtstruktur zwischen den Geschlechtern ab. Ausgangspunkt der Performance ist somit der Versuch zu verdeutlichen, dass es sich bei eben dieser lediglich um eine Anführung handelt, von welcher sich der Darstellende inhaltlich distanziert. Mit Bezug auf Butler lässt sich sagen, dass er durch die Anrufung „lady" einer Genderkonstruktion zur Existenz verhilft, welche sich vom hegemonialen Diskurs, repräsentiert durch die Anrufung *Bitch*, distanziert:

„Angesprochen werden bedeutet also nicht nur, in dem, was man bereits ist, anerkannt zu werden; sondern jene Bezeichnung zu erhalten, durch die die

Anerkennung der Existenz möglich wird. Kraft dieser grundlegenden Abhängigkeit von der Anrede des Anderen gelangt das Subjekt zur ‚Existenz'."[138]

An der Differenz zwischen Anrufung in der Performance und der Anrufung in der Videobeschreibung wird also bereits deutlich, dass es sich bei der Darstellung um eine kritische Zitation handelt.

Im Folgenden soll nun die Performance einer näheren Betrachtung unterzogen werden, um beurteilen zu können aufgrund welcher Medien- und Darstellungstechniken die Performance als Parodie beschreibbar ist. Hierbei möchte ich vier Analyseebenen vorschlagen: a) Szenerie, b) Geschlechterkodierte Symbole, c) Körperinszenierung, d) Sprechgesang und Musik.

Szenerie

Insgesamt kann über das Video gesagt werden, dass es sich durch eine hohe Simplifikation auszeichnet, soll heißen, dass das Video lediglich an einem Ort spielt, lediglich eine Person im Video auftaucht und die Szenerie sehr einfach gehalten ist. Der Protagonist befindet sich vor einer mit Graffiti besprühten Mauer und bewegt sich vor dieser, während er singt. Die Tatsache, dass sich außer dem Protagonisten keine Person im Video finden lässt, kann bereits als komödiantisches Mittel betrachtet werden, da für das Genre Hip-Hop-Musikvideo konstatiert werden kann, dass die Repräsentation der ganzen *Hood*, das heißt der ganzen Nachbarschaft, ein zentrales Charakteristikum jedes Videos darstellt.

In Videos der Hip-Hop-Gruppen NWA oder der 2 Live Crew, die, obgleich sie sich untereinander unterscheiden, dennoch als repräsentativ für die frühe Hip-Hop-Szene angesehen werden können[139] (sog. *Oldschool Hip-Hop* oder *Gangsta Rap*), tritt niemals ein Rapper alleine auf, sondern dieser hat stets seine stets männliche *Hood* bzw. seine *Crew* im wahrsten Sinne des Wortes hinter sich stehen.

---

138 Butler, J. (1998), a.a.O., S. 14f.

139 Vgl. z. B. die Musikvideos von N.W.A.: YouTube (2006): N.W.A. – Straight Outta Compton. http://www.youtube.com/watch?v=DJ0_HYuR_fk& feature=related (10.06.2010), Dr. Dre: YouTube (2007): still D.R.E. http://www.youtube.com/watch?v=kG_qcud1ShM& feature=related (10.06.2010); 2 Live Crew: YouTube (2006): me so horny. http://www.youtube.com/watch?v=t0oALRL7uyY (10.06.2010).

Abbildung 4: Klassische Szene eines Hip-Hop-Videos

Der Darsteller in dem vorliegenden Video verfügt nun über keine ihm den Rücken stärkende *Crew*, so dass die Glaubwürdigkeit und Souveränität des Protagonisten bereits zweifelhaft erscheint. Obgleich die Szenerie also ohne mehrere Personen und aufwendige Ausstattung auskommt, so lässt sich sagen, dass es sich bei denjenigen Gegenständen, die sich innerhalb des Settings befinden, um jene mit Symbolcharakter handelt.

Geschlechterkodierte Symbole

Das Video zitiert mehrere geschlechterkodierte Symbole, welche als typisch für die Konstitution des von Männlichkeit (im Hip-Hop-Genre) angesehen werden können. Direkt zu Beginn des Videos werden die auftauchenden Symbole gebündelt repräsentiert. Der Protagonist lehnt an seinem Auto, während er mit seinem Handy telefoniert. Den Hintergrund bildet ein Wand-Graffiti, welches schlecht erkennbar ist und wenig professionell wirkt.

Abbildung 5: Zitation von Männlichkeitssymbolen

Bei dem Auto, welches gesellschaftlich gemeinhin als Symbol *wahrer, potenter Männlichkeit* herangezogen wird, handelt es sich um einen alten, wenig gepflegten Mittelklassewagen. Charakteristisch für Hip-Hop-Videos, um das Auto als Statussymbol noch weiter in den Vordergrund zu rücken, ist ein Close-Up auf die Reifenfelgen. Diese Einstellung wird in dem vorliegenden Video ebenfalls gewählt, um die alte und standardmäßige Felge des Autos zu inszenieren. Das Zeigen der Felge mithilfe dieser Einstellung bewirkt die Verlachung sowohl des Gegenstandes, als auch der Kameraeinstellung selbst. Dies führt dazu, dass an dieser Stelle auch die medientechnischen Verfahren offengelegt werden, mithilfe derer Symbole inszeniert und in den Vordergrund gerückt werden. Des Weiteren ist das Handy des Protagonisten zwar nicht gut sichtbar, fungiert allerdings durchaus als Statussymbol. Dass der Darstellende mit dem Handy tatsächlich telefoniert wird an keiner Stelle sichtbar. Schlägt man an dieser Stelle den Bogen zu der Tatsache, dass der Protagonist alleine ist und lediglich so tut, als würde er mit seiner Crew telefonieren, so zeichnet sich ein Bild eines einsamen Mannes mit seinem alten Auto, welcher verzweifelt versucht seine Unzulänglichkeit durch Coolness zu überspielen. In Bezug auf das Graffiti an der Mauer kann gesagt werden, dass innerhalb von Hip-Hop-Musikvideos Graffitis durchaus als zumeist männliche Rebellion gegen den Staat im Allgemeinen und gegen die ausführende Gewalt desselbigen im Speziellen zu verstehen sind. Das vom Protagonisten gesprühte Graffiti, welches unter anderem das Wort „Fake" darstellt, wirkt allerdings amateurhaft und entspricht nicht den ästhetischen Normen der Graffiti-Szene. Allgemein kann man also sagen, dass das Video klassische Männlichkeitssymbole zitiert, diese jedoch dadurch ad absurdum führt, dass die Symbole nicht den für sie vorgesehenen Normen entsprechend, sondern abweichend zitiert werden. Dadurch evoziert das Video eine Art ästhetischen Bruch, der zum einen die Legitimation dieser Symbole als Zeichen überlegener Männlichkeit anzweifelt und darüber hinaus auf die Inszenierung eben dieser Symbole aufmerksam macht.

Körperinszenierung

Um nun auf die Körperinszenierung des Darstellenden zu sprechen zu kommen, wird vorerst der Kleidungsstil näher betrachtet. Der Protagonist trägt ein Basecap, eine Sonnenbrille, ein bunt gemustertes Hemd, kurze Shorts, Socken und Sneakers. Abgesehen von der kurzen Hose sind alle Kleidungsstücke durchaus auch in klassischen Hip-Hop-Videos zu finden. In Bezug auf seine Kleidung kann also ebenfalls gesagt werden, dass er den klassischen, d. h. dem Genre entsprechenden, Kleidungsstil zitiert. Allerdings entspricht auch diese Zitation nicht den genretypischen Kleidungsnormen, d.h. diese werden wieder modifiziert zitiert. Das Basecap deckt die Stirn nicht weitflächig genug ab, das Hemd ist schrill-bunt gemustert und die Sonnenbrille verfügt über pinke Brillenbügel. Die Parodie zitiert also genretypische Symbole, bildet diese allerdings nicht kongruent ab, sondern verändert Details eben dieser. Das führt dazu, dass die Symbole innerhalb eines bestimmten Bedeutungsgefüges funktionieren, ohne jedoch dass dieses Bedeutungsgefüge deckungsgleich abgebildet wird. Darüber hinausgehend wird der männliche *Hip-Hop-Habitus* ironisch zitiert, indem die Bewegungsabläufe des Protagonisten unbeholfen, monoton und unrhythmisch sind. Insbesondere das Kreisen mit der Hüfte markiert einen Bruch mit den diskursiven Normen der Hip-Hop-Szene. An einer anderen Stelle des Videos führt der Protagonist eine Breakdance-Performance vor, die stilistisch von den für die Tanzform normalen Bewegungsabläufen abweicht und eher als unbeholfenes Räkeln auf dem Boden inszeniert ist. Die Breakdance-Performance wird durch ein medientechnisches Verfahren untermauert, indem bunte Farbfilter genutzt werden und die Szenerie dupliziert wird. Der Breakdance, die Farbenvielfalt und das aus heutiger Sicht primitiv wirkende medientechnische Verfahren verweist direkt auf die Zeit der Entstehung und Entwicklung des Hip-Hop in den 80er Jahren.

Sprechgesang und Musik

Oben wurde bereits erläutert, welche Geschlechterbilder auf der Ebene der Sprache diskursiv hergestellt werden. An dieser Stelle soll nun näher betrachtet werden, inwiefern von einer Parodie auf der Ebene der Sprache gesprochen werden kann. Dabei soll zwischen den beiden Analyseebenen Inhalt, d. h. mithilfe *welcher* Wörter wird Ironie hergestellt, und Form, d. h. wie werden diese Wörter genutzt, unterschieden werden. In Bezug auf den Inhalt des Liedtextes lässt sich sagen, dass dieser sich durch eine enorme Simplizität auszeichnet. Die Komik besteht nun darin, dass der Protagonist die Inhalte typischer Hip-Hop-Lieder auf ihre Kernaussage hin zuspitzt und unumwunden ausspricht: „Girl's brains are much stupider than men's are, So they should always listen to us, 'cause we're smart." Diese Technik lässt sich als Explizitmachen von Implizitem beschreiben. Dadurch, dass Inhalte auf den Kern ihrer Bedeutung zugespitzt und ausgesprochen werden, fühlt sich der Rezipient gewissermaßen peinlich berührt. Insbesondere in Bezug auf den Refrain des Liedes „Show me your genitals" wird dies deutlich, da dieses Explizitmachen der Forderung des Mannes gegenüber der Frau offenlegt, was implizit in Texten von Hip-Hop-Liedern mitschwingt. Mithilfe des Wortes „genitals" oder „vagina", dessen Nutzung innerhalb dieses Kontextes mit etablierten Normen bricht, wird die Sexualisierung von Frauen ironisch zitiert. Insbesondere an der Stelle, wenn es heißt „It's not sexist 'cause I'm saying it in a song, That's right bitch, now take off your thong" wird zweierlei deutlich. Zum einen wird hier mit einem Widerspruch gespielt, welcher die Behauptung, nicht sexistisch zu sein mit einem als explizit sexistisch verstandenen Folgesatz zusammenbringt. Dieses Satzgefüge als Widerspruch zu konzipieren gelingt allerdings nur, mithilfe des Explizitmachens von Impliziten. Der Satzteil „It's not sexist 'cause I'm saying it in a song" verbalisiert das Legitimationsargument vieler Hip-Hop-Künstler und vereinzelt auch Künstlerinn_Innen, aber auch Hörer_Innen. Durch die Verknüpfung mit der Zitation des Satzteils „That's right bitch, now take off your thong" wird der erste Satzteil ad absurdum geführt und somit die Legitimation solcher Liedtexte aufgelöst. Andererseits konstruiert die Performance somit ein von Sexismus geprägtes Bild der Hip-Hop-Szene, von der sie sich allerdings abgrenzt. Ganz im Butler'schen Sinne, und in Anlehnung an Jacques Derrida, wird also ein verwerfliches Außen geschaffen, um eine nicht-sexistische Zone der Bewohnbarkeit zu schaffen:

„In diesem Sinne ist also das Subjekt durch die Kraft des Ausschlusses und Verwerflichmachens konstituiert, durch etwas, was dem Subjekt ein konstitutives Außen verschafft, ein verwerfliches Außen, das im Grunde genommen ‚innerhalb' des Subjektes liegt, als dessen eigene fundierte Zurückweisung."[140]

Das Ausgeschlossene als konstitutiv für den explizit formulierten Sinn zu betrachten, kann als zentrales Argument dekonstruktivistischer Argumentationen herangezogen werden. Es gilt also miteinzubeziehen, was unausgesprochen, quasi unverbalisierbar ist, um zu erörtern wie sich Konstruktionsprozesse konstituieren. Insbesondere in Bezug auf Parodie und Ironie werden diese Prozesse deutlich, da hierbei eine Abgrenzung nicht direkt formuliert wird, sondern diese, mithilfe des Mittels der Ironie, indirekt auf das Verworfene eines Diskurses verweist, ohne dies direkt auszusprechen. Das Explizitmachen von Implizitem kann somit ebenso als Sichtbarmachung von Verworfenem bzw. Verwerflichem beschrieben werden, und somit als zentrales Charakteristikum der (Geschlechter-)Parodie betrachtet werden.

Um nun zur Sprachform, d. h. Betonung etc. zu kommen lässt sich sagen, dass sich der Sprechgesang des Protagonisten vor allem durch Monotonie auszeichnet. Es tauchen keine Hebungen und Senkungen in der Sprechmelodie auf, so dass eine Differenz zwischen der auffordernden und aggressiven Sprache auf der Inhaltsebene und der monotonen und lethargisch wirkenden Betonung auf der Ausführungsebene entsteht. Der Sprechgesang ist insgesamt relativ langsam, was in der Hip-Hop-Szene als ungewöhnlich für *gute Rapper* gilt. Des Weiteren kann der Rezipient an vielen Stellen eine Art Zögern oder Stottern hören, was insgesamt den Eindruck der Unsicherheit vermittelt. Die Differenz zwischen Inhalt und Form markiert also in Bezug auf den Sprechgesang den ästhetischen Bruch, der zu einer gesteigerten Aufmerksamkeit gegenüber den Inhalten führt.

Es wurde also deutlich, dass es sich bei der vorliegenden Performance um eine performative Handlung handelt, welche die diskursiven Geschlechternormen und -verhältnisse der Hip-Hop Szene kritisch zitiert:

„Die aggressive Wiederaneignung verletzenden Sprechens in der Rap-Musik (...) wird zum Ort einer traumatischen Neuinszenierung der Verletzung, aber einer, in der die sprachlichen Ausdrücke nicht nur in konventioneller Weise bedeuten oder mitteilen, sondern selbst gerade in ihrer sprachlichen Konventionalität als Beispiele von Diskursivität vergebracht werden und damit auch

---

140 Butler, J. (1995), a.a.O., S. 23.

als wirkungskräftig und arbiträr, widerständig und offen für weitere Verwendungen."[141]

Zusammenfassend kann man sagen, dass sich die hier vorliegende Zitation aufgrund von drei bestimmten Techniken als *verrückendes Zitieren* beschreiben lässt:

1. Die Zitate wiederholen diskursive Normen, bilden diese jedoch nicht ab, sondern zitieren modifiziert, d.h. verrückend.
2. Die zitierten diskursiven Normen werden mit normdurchbrechenden Aspekten kombiniert.
3. Die Zitation weist eine immanente Differenz zwischen Inhalt und Form auf.

Insgesamt lässt sich also sagen, dass das Video „Show me your genitals" die Kriterien für das Gelingen von Resignifizierungsprozessen durchaus erfüllt:

„Wenn nun Sprechakte dadurch funktionieren, dass die bestehende Bedeutungen zitieren, dann kann Veränderung nur durch die Anwendung bestimmter Zitierweisen geschehen. (…) Zitierweisen können also eine kritische bzw. verändernde Praxis sein, wenn Diskurse so ‚manipuliert' werden, dass sie z. B. ihre Autorität verlieren."[142]

Die Performance manipuliert den hegemonialen Diskurs, indem sie Inhalte und Symbole zitiert, ohne diese dabei bloß zu reproduzieren. Stattdessen werden durch medientechnische und darstellerische Verfahren ästhetische Brüche konzipiert, welche die Aufmerksamkeit auf diejenigen Inhalte und Symbole lenken, welche kritisch reflektiert werden sollen. Darüber hinaus verschiebt die kritische Zitation das Verworfene in den Bereich des Sichtbaren, so dass Ausschlussmechanismen offengelegt werden und somit mit in den Diskurs einfließen können.

Die Geschlechterparodie verdeutlicht somit, dass es keinen inneren Kern, keine biologische Essenz von Geschlechtlichkeit gibt. Vielmehr wird offengelegt, dass es sich bei dem vermeintlichen *Original* selbst schon um einen performativen Akt handeln muss, welcher wiederum offen ist für Resignifizierungsprozesse:

---

141 Butler, J. (1998), a.a.O., S. 143f.

142 Villa, P. (2006), a.a.O., S. 149f.

„Der hier verteidigte Begriff der Geschlechter-Parodie setzt nicht voraus, daß es ein Original gibt, das diese parodistischen Identitäten imitieren. Vielmehr geht es gerade um die Parodie *des* (Herv. i. Orig.) Begriffs des Originals als solchem. (…) Oder genauer gesagt: sie ist eine Produktion, die effektiv – d. h. in ihrem Effekt – als Imitation auftritt. Diese fortwährende Verschiebung ruft eine fließende Ungewißheit der Identitäten hervor, die ein Gefühl der Offenheit für deren Re-Signifizierung und Re-Kontextualisierung vermittelt."[143]

In Bezug auf die Geschlechter-Parodie ist deutlich geworden, dass Butlers sprachwissenschaftliches Konzept auch auf Körperinszenierungen angewendet werden kann, da es sich hierbei bereits um die Materialisierung des Diskurses handelt. Insofern ist dem Körper, seinen Darstellungstechniken und Inszenierungen bereits ein bestimmter normativer Diskurs eingeschrieben. Daraus folgt, dass auch der Körper zitieren kann und mithilfe des *verrückenden Zitierens* eine zentrale Rolle in Bezug auf Resignifizierungsprozesse darstellt.

Zusammenfassend kann an dieser Stelle festgehalten werden, dass die Videoplattform YOUTUBE aufgrund der Audiovisualität ihrer Inhalte durchaus Raum für eine Performance im Zeichen der Desidentifizierung mit Geschlechternormen bereit stellt. Butlers Konzept beruft sich jedoch auf Aufführung von Geschlechterparodien, wie z. B. bei der Travestie, die innerhalb einer *realen* Lebenswelt stattfinden. Wie bereits dargelegt, haben wir es allerdings beim vorliegenden Beispiel mit einem Sprechakt innerhalb eines multimedialen Hypertextes zu tun, für welchen spezifische Wirkungsmechanismen charakteristisch sind. Welche Auswirkungen diese Spezifika, wie die Unabhängigkeit des Sprechaktes von der Präsenz des Sprechenden und die damit zusammenhängende gesteigerte Dekontextualisierung desselbigen im Web 2.0, für das Gelingen von Resignifizierungsprozessen haben, wird im Folgenden erörtert.

143 Butler, J. (1991), a.a.O., S. 203.

7.3. Kommentarfunktion: Zur Effektivität kritischer Wiederaneignungen

7.3.1. Schwimmen im Bedeutungsmeer

Wie bereits erläutert, stellt YOUTUBE ein Konglomerat aus Sprechakten dar, welches sich, aufgrund der Architektur der Plattform, in verschiedene *Produktionsstätten* der Partizipation gliedern lässt. Die Videofunktion ist somit eine Produktionsstätte, die wiederum unmittelbar mit einer anderen, der Kommentarfunktion, verknüpft ist. Des Weiteren können sowohl die Videos, als auch die Kommentare kategorisiert und bewertet werden. Es ergibt sich ein höchst variables und dynamisches diskursives Ganzes, welches weder als festschreibbar, noch als unidirektional gerichtet beschrieben werden kann. Um nun beurteilen zu können, welche Rolle diese für Web 2.0-Anwendungen charakteristischen Attribute für das Gelingen von Resignifizierungsprozessen spielen, so soll nun der Blick auf die Kommentierung und Bewertung des Videos „Show me your genitals“ durch die YOUTUBE-Community einer näheren Betrachtung unterzogen werden. Das Video wurde bereits als performativer Akt des Widerstandes beschrieben, welches Geschlechternormen kritisch zitiert und somit den Diskurs subversiv manipuliert. Die Bedingungen des Gelingens von Resignifizierungsprozessen werden von Butler klar umrissen:

> „Die Möglichkeit, daß ein Sprechakt einen früheren Kontext resignifiziert, hängt ihrerseits von dem Spalt ab, der sich zwischen dem ursprünglichen Kontext bzw. der ursprünglichen Intention einer Äußerung einerseits und den Effekten andererseits auftut, die die Äußerung hervorruft. (…) Außerdem darf der Kontext, den er erhält, sich nicht genau mit dem Kontext decken, dem er ursprünglich entstammt (wenn sich ein solcher Ursprung überhaupt bestimmen läßt).“[144]

Es ist also nötig, die Kommentarfunktion in Hinblick auf ihre Rahmungsfunktion des Videos, d. h. ihrer Funktion zur Bedeutungs- und Sinnzuschreibung näher zu analysieren. Damit ein Resignifizierungsprozess stattfinden kann, muss die Community den Inhalt des Videos also nicht innerhalb eines hegemonialen Machtdiskurses verorten und

---

144 Butler, J. (1998), a.a.O., S. 27f.

das Video als Ausdruck der männlichen Überlegenheit über die Frau bewerten, sondern genau diesen *ursprünglichen* Diskurs reflektieren und in einem zweiten Schritt eine neue Bedeutungskette entwerfen, welche ein Geschlechterbild jenseits von Hegemonie, Zwangsheterosexualität, und der Sexualisierung der Geschlechter allgemein entwirft. Die Speicherung der statistischen Daten der Interaktion innerhalb der YOUTUBE-Community kann herangezogen werden, um zu bestimmen, wie das Video in der Community rezipiert wurde bzw. rezipiert wird und somit innerhalb welches Kontextes dieses eingeordnet wurde/wird.

Am 14. Juni 2010, um 16:31 Uhr beläuft sich die Anzahl der positiven Bewertungen auf 153 672 und die Zahl der negativen Bewertungen auf 11 129. Bis zum 11. Juli 2012, um 10:21 Uhr stieg die Anzahl positiver Bewertungen auf 302 747 und die Anzahl der negativen Bewertungen auf 21 802. Beide Zahlen steigen also stetig an. Dieser Hinweis, der direkt unter dem Video einsehbar ist, verweist also darauf, dass die Mehrzahl der User das Video positiv bewertet haben, wobei auffällt, dass lediglich eine Minderzahl das Video überhaupt bewertet haben, bedenkt man, dass die Anzahl der Klicks von ca. 32 Mio. im Jahr 2010 auf ca. 55,6 Mio. im Jahr 2012 gestiegen ist.[145] Obwohl das Video bereits im Jahr 2008 auf YOUTUBE eingestellt wurde, steigt der Rezeptionsgrad des Videos fortwährend. Außerdem wird deutlich, dass das Video mittels unterschiedlicher Suchstrategien und Verlinkungen von den Prosumern gefunden wurde. Mit insgesamt ca. 124 822 Kommentaren am 11.07.2012 ragt das Video schon rein statistisch aus der Masse heraus. Wie bereits erläutert ist das Gelingen eines kritischen performativen Aktes nach Butler nicht von der Intentionalität des Sprechers abhängig, sondern vielmehr von der Einordnung des Rezipierten in bestimmte Bedeutungszusammenhänge. Eine Resignifizierung ist nun darauf angewiesen, dass Bedeutung aus dem *herkömmlichen* diskursiven Rahmen herausgelöst und in einen neuen eingeordnet werden kann. Diese Resignifizierung und Rekontextualisierung wird allerdings im WWW nicht durch ein entsprechendes Setting unterstützt und forciert, sondern der zu resignifizierende Sinn bewegt sich innerhalb eines komplexen, teilweise auch paradoxen, uneindeutigen Gefüges, d. h. innerhalb hypertextueller Strukturen, so dass die Sinnzuschreibung innerhalb multidirektionaler Bedeutungsstrukturen geschieht. In diesem Sinne ist es gewissermaßen die Aktivität des Prosumers, welche ausschlaggebend für die Herstel-

[145] Vgl. http://www.youtube.com/watch?v=qqXi8WmQ_WM (11.07.2012).

lung von Bedeutung und der Einordnung in ein diskursives Ganzes ist: „Der Raum erscheint so nicht länger als eine vorgegebene Entität, innerhalb derer ich mich nur passiv bewege und auf die ich keinerlei aktiven Einfluss nehmen kann."[146] Der Vorwurf, man habe das (weibliche) Subjekt verloren, wie ihn Seyla Benhabib in scharfer Kritik Butler gegenüber formuliert[147], ist dieser Argumentation nach somit nur bedingt zu halten. Zwar ergibt sich auf der Videoplattform YOUTUBE ein diskursives Ganzes, welches keinem einzelnen Subjekt zugerechnet werden kann, allerdings zeugt die Participatory Culture im Web 2.0 von einer aktiven Partizipation der Prosumer, welche eigene Bedeutungsketten konstruieren und das entstehende diskursive Geflecht von Bedeutungen mitgestalten. Was bedeutet dies für das Gelingen von Resignifizierungsprozessen?

Es wird von der zu überprüfenden These ausgegangen, dass eine performative Handlung in Form einer Parodie nur dann ein Akt des Widerstandes sein kann, wenn neue Bedeutungszusammenhänge mithilfe von Re-Kontextualisierungsprozessen des Gesprochenen hergestellt werden. Da es sich insgesamt um eine nicht überschaubare Menge an Kommentaren handelt, wurden am 17.06.2010 die Kommentare der vorangegangenen 5 Tage explizit herausgegriffen. Es konnte beobachtet werden, dass sich die bis hierher herausgefilterten Rezeptionsweisen und Kontextualisierungen der Community stetig wiederholen. Auf diese Weise konnte ein Überblick über den aktuellen Diskurs rund um das vorliegende Video innerhalb der YOUTUBE-Community gewonnen werden. Dass es sich hierbei lediglich um den aktuellen Status Quo der Debatte handelt, liegt auf der Hand und hängt wiederum mit den Spezifika der Social Web-Technologien zusammen, wie sie bereits erläutert wurde.

---

146 Sandbothe, M.(2005), a.a.O., S. 65.

147 Benhabib, Seyla (1993): Feminismus und Postmoderne. Ein prekäres Bündnis. In: Benhabib, Seyla; Butler, Judith; Drucilla, Cornell; Fraser, Nancy: Der Streit um Differenz. Feminismus und Postmoderne in der Gegenwart. Frankfurt a.M.: Fischer Verlag. S. 9-30, sowie von Hoff, Dagmar (2009): Performanz / Repräsentation. In: Braun, Christina von; Stephan, Inge (Hrsg.): Gender@Wissen. Ein Handbuch der Gender-Theorien, S. 187.

7.3.2. The operation completed successfully

Von einer Rekontextualisierung lässt sich dann sprechen, wenn die Performance, die mit sexistischen Anrufungen spielt, nicht innerhalb eines hegemonialen Diskurses re-verortet wird, sondern eben dieser *ursprünglich* hegemoniale Diskurs mithilfe von Parodie reflektiert wird. Schaut man sich die einzelnen Beiträge genauer an, lassen sich unterschiedlichste Verortungen des Inhalts ausmachen, welche wiederum zu unterschiedlichen Bewertungen in Hinblick auf das vorliegende Video führen. Einige Mitglieder der YOUTUBE-Community geben an, das Video als Satire zu verstehen und reflektieren zudem den Gegenstand eben dieser, d. h. das vermeintliche Original:

> „HAHA! For all you sexist little saps out there this song is actually taking the piss outta YOU, your ridiculous attitudes, and the misogynistic hip-hop tripe that you listen to. This song is NOT sexist, it is taking the piss out of sexist."[148]

Es wird deutlich, dass sich der Umgangston innerhalb der Community an der Umgangssprache orientiert, wobei die Appräsenz der Prosumer scheinbar zur Normalisierung einer ausfallenden und persönlichen Sprache führt. Die Kommentierung des Videos ist vor allem von der Diskussion darüber geprägt, ob das Video als Witz zu verstehen oder ob die Performance vielmehr „offensive" sei. Die Bandbreite der Statements zu dieser Frage ist außerordentlich hoch und schwer zu kategorisieren. Oben genanntes Zitat oder Kommentare wie „(Obviously) this is an open diss on cave man hip-hop / thug culture. Well done!!!!"[149] oder "this is such the best 'parody' on gangster rap ever got I love it, cant stop laughing"[150] zeigen, dass einige Community-Mitglieder durchaus das vermeintliche Original reflektieren und die Geschlechterbilder des *Ursprungsdiskurses* sichtbar machen. Diese Sichtbarmachung von Sexismus im Hip-Hop-Genre führt somit zwangsläufig zu einer Rekontextualisierung desselbigen. Dieser wird nicht länger innerhalb eines hegemonialen Machtdiskurses verortet, sondern vielmehr als „Misogynie" bezeichnet und abgelehnt. Im Zuge dessen wird eine neue resignifizierte Bedeutungskette entworfen, welche Frauen und Männer jenseits eines Diskurses hegemonialer Männlichkeit verortet. Die Konstruktion einer neuen Bedeutungskette geschieht hier also in Form der Ablehnung der *ursprünglichen* Bedeutungskette. Die Inhalte, die die Per-

---

148 http://www.youtube.com/watch?v=qqXi8WmQ_WM (25.06.2012).

149 Ebd.

150 Ebd.

formance thematisiert, wie hegemoniale Männlichkeit, Sexualisierung von Frauen und Männern und in Ansätzen auch Heteronormativität werden somit in den Bereich des Verwerflichen gerückt, so dass diese für die Konstruktion eines neuen Diskurses keine relevanten Bezugspunkte mehr darstellen.

7.3.3. The recipient process has refused the signal

Bei näherer Betrachtung der Kommentarlandschaft zu dem vorliegenden Video zeichnet sich allerdings ein Diskurs ab, welcher keine neuen Bedeutungsketten entwirft, sondern vielmehr ein hegemoniales Verständnis von Geschlechtlichkeit reproduziert und verschärft. Repräsentativ hierfür kann ein Austausch zwischen MissJmm24 und prickthe[151] herangezogen werden:

"MissJmm24: ‚this is kinda offensive. :-('
prickthe@MissJmm24: 'no its not. Its in a song! btw…if your on the internet it means your not cleaning yout kitchen… GET BACK IN THERE!'"

Es wird deutlich, dass MissJmm24 die Performance nicht als Parodie betrachtet, sondern als *authentischen* Ausdruck jenes Diskurses, welcher die Frau beleidigend anruft. Zwar macht die Person MissJmm24 klar, dass sie sich von diesem Geschlechterbild distanziert, allerdings findet keine Resignifizierung statt. Die Performance fungiert somit als Katalysator eines hegemonialen Diskurses, obwohl es, wie schon herausgestellt wurde, subversives Potenzial aufweist. Die Antwort von prickthe verstärkt diesen Effekt, indem dieser Sprechakt klassische Geschlechterbilder aufgreift, diese somit reproduziert und für deren Fortbestehen sorgt. Mark Poster führt in seiner Auseinandersetzung mit ethischen Fragen der Netzkultur aus, dass mit der Massennutzung des Internets neue Konfliktformen, wie das sogenannte *Flaming* entstanden. Damit bezeichnet er „das Beschimpfen eines Adressaten, häufig verbunden mit Gewaltausdrücken"[152] und verweist somit auf die Etablierung des beleidigenden Sprechens innerhalb des Webs: „Es entstanden Konfliktformen, die nur durch das technologische Design des Netzes möglich waren und

151 http://www.youtube.com/watch?v=qqXi8WmQ_WM (25.06.2012).
152 Poster, M., a.a.O., S. 366.

die kaum Parallelen zum realen Leben aufwiesen."[153] In Bezug auf den Kommentar von prickthe lässt sich sagen, dass seine Forderung, die Gesprächspartner_In solle in die Küche zurück gehen ursprünglich einem Diskurs entstammt, welcher die Frau in der Privatheit, d. h. speziell in der Küche, und den Mann in der Öffentlichkeit, d. h. im Internet verortet.[154] Dieses traditionelle Geschlechterrollenbild erfährt innerhalb des realweltlichen Erfahrungshorizontes kaum noch Legitimation, erlebt aber scheinbar hier, in der Virtualität, eine Rehabilitation. Auch eine Diskussion mit MustangGTPrincess, welche das Video als Parodie versteht und darauf hinweist, dass „ALL WOMAN DESERVE TO BE TREATED WITH RESPECT"[155], kann als Rehabilitation klassischer, hegemonialer Geschlechterbilder gedeutet werden:

„avery94onabase@MustangGTPrincess: ‚get the hell of here you cunt we don't like your kind.'

MitchTEHguy@MustangGTPrincess: ‚(...) Who the hell decides to put a computer in the kitchen anyways?'

Donuthead6410@MustangGTPrincess: ‚typical bitch thinking she has power.'

Die Rehabilitation traditioneller hegemonialer Geschlechterbilder und die zudem sexistische Anrufung von Kommunikationspartner_Innen, die als Frau kategorisiert werden, führt nun zu Dreierlei: Zum einen wird deutlich, dass keine Resignifizierung von Bedeutungen, die mithilfe der Performance performativ hergestellt werden, stattfindet. Stattdessen wird die Performance innerhalb eines sexistischen Diskurses verortet und als Referenz angegeben. Die Performance trägt somit einen Teil dazu bei, einen hegemonialen Diskurs rund um Geschlechtlichkeit aufrecht zu erhalten. Zum zweiten, und in Bezug auf Poster, lässt sich festhalten, dass die Anonymität im Netz und die damit einhergehenden gesteigerten beleidigenden Anrufungen diesen Diskurs nicht nur reproduzieren, sondern diesen vielmehr noch verstärken. Kommentare wie „Woman are property"[156] oder „Get off of your husbands computer and get him a sandwich and beer (...) before he has to break out the backhand technique. (...) just need a good old fashioned beating"[157] sind somit Ausdruck der Zuspitzung eines hegemonialen Diskurses, welcher nicht nur

---

153 Ebd., S. 367.

154 Vgl. Deuber-Mankowsky, Astrid (2005): Natur/Kultur. In: Braun, Christina von; Stephan, Inge, a.a.O. S. 200-219.

155 http://www.youtube.com/watch?v=qqXi8WmQ_WM (25.06.2012).

156 Ebd.

157 Ebd.

traditionelle Geschlechterbilder verschärft, sondern Gewaltdrohungen in den Diskurs mit aufnimmt. In diesem Sinne kann man drittens sagen, dass die Performance Haltungen evoziert, welche feministischen Forderungen nach, zumindest nach Butler, wiederum resignifiziert werden müssten. Die Performance führt also nicht zu Resignifizierungsprozessen, sondern – und das ist das Paradoxe – sie führt aufgrund der verschärft sexistischen Kontextualisierung zu neuen Problemfeldern feministischen Engagements.

7.3.4. Feminismus 2.0?

Innerhalb der Reproduktion bzw. Verschärfung diskursiver Konfigurationen von Sexismus, lassen sich nun bestimmte Vorstellungen von *Feminismus* innerhalb der YOUTUBE-Community ausfindig machen. Butlers Arbeiten und ihr Konzept der Performativität beschreibt sie selbst explizit als feministisch, wobei die Rezeption Butlers zu heftigen Auseinandersetzungen in Bezug auf das Verständnis von postmodernem Feminismus führte.[158] Folgt man Butlers Konzept, so müsste die hier vorliegende Performance insbesondere von feministisch orientierten User_Innen große Zustimmung erfahren. In Bezug auf die Kontextualisierung der Performance seitens der YOUTUBE-Mitglieder lässt sich allerdings feststellen, dass das Ablehnen des Videos entweder als *feministisch* deklariert wird bzw. dass jene, die das Video ablehnen sich selbst als *feministisch* orientiert betrachten. Wie lässt sich diese paradoxe Situation erklären und welches Bild von *Feminismus* wird hier gezeichnet?

Insgesamt lässt sich sagen, dass innerhalb der Community *Feminismus* als jene Einstellung verstanden wird, die sexistische Sprechakte und Performances per se ablehnen:

> „PokeDurrrr: ‚only close minded people or feminists find this song offensive...is all in the presentation, he's taking bout somethin very personal but in a comedic way, so relax and show me ur genitals why u are at it ;)'"[159]

PokeDurrrr erkennt also das subversive Potenzial des Videos und ordnet die Performance somit nicht als sexistisch ein, erklärt sich die Ablehnung

[158] Vgl. Benhabib, S., a.a.O.

[159] http://www.youtube.com/watch?v=qqXi8WmQ_WM (25.06.2012).

des Videos einiger Mitglieder allerdings, indem er diese als *feministisch* bezeichnet. Dass aber gerade die Resignifizierung des *Originals*, die der User PokeDurrrr durchaus forciert, in Anlehnung an Butler als feministisch zu betrachten ist, wird nicht reflektiert. Stattdessen lassen sich Kommentare wie „11,000 dislikes = 11,000 feminists who don't get the joke"[160] als Konstruktion eines destruktiven Bildes von *Feminismus* beschreiben, welcher als Spielverderber deklariert wird und die Zitation sexistischer Äußerung unabhängig vom Kontext ablehnt. Es lässt sich schlussfolgern, dass innerhalb der Community an vielen Stellen die Vorstellung besteht, dass feministisches Engagement daraus bestehe, sexistische Anrufungen generell zu zensieren. Insbesondere die Forderung nach Zensur widerstrebt allerdings Butlers Konzept, da die kritische Zitation eine notwendige Bedingung sei, um neue Kontexte zu schaffen:

„Faktisch ist ihre Wiederholung notwendig (...), wenn sie als Objekte in einen weiteren Diskurs aufgenommen werden sollen. Paradoxerweise ist es gerade ihr Status als ‚Akt', der die Behauptung unterläuft, daß sie die Erniedrigung, die sie beabsichtigen, belegen und aktualisieren. (...) Die Möglichkeit, solche sprachlichen Ausdrücke in Formen der radikalen öffentlichen Fehlaneignung zu dekontextualisieren und zu rekontextualisieren, stellt den Boden einer ironischen Hoffnung dar, daß die konventionelle Beziehung zwischen den Worten und dem Verwundeten geschwächt und mit der Zeit sogar zerbrochen werden könnte."[161]

Stattdessen lässt sich zudem beobachten, dass einige engagierte Mitglieder der Community davon ausgehen, dass es nicht legitim sei, sexistische Inhalte komödiantisch zu inszenieren:

„JJnnaatt: ‚Wow, 11146 that doesn't get jokes...'

luc59457 @JJnnaatt: ‚A joke is funny, but degrading, like women have been in history. Not a good influence. Here's a joke for ya though, just for you and your type of humor. Two words - Your mom. Hope you found that funny!'

luc59457 @moxyntrayswardrobe37: ‚Of course it's true, it's called satire. If satire got it's exposure with everything when it comes to comedy, thank goodness not, we would even have rascist satire being considered funny. Sometimes matters are not even worth joking about, unless your a kid and you find most things funny. This guy uses real life events, mocks them even when it's

160 Ebd.

161 Butler, J. (1998), a.a.O., S. 144f.

childish to do so. All for the exposure. This guy really doesn't give a fuck about you.'"[162]

Insgesamt kann man sagen, dass sich die Vorstellung des feministischen Engagements hier nicht mit der Butler'schen Vorstellung von feministischem Widerstand deckt. Das bedeutet also, dass die Performance insbesondere von denjenigen Community-Mitgliedern abgelehnt wird, in wessen Zeichen sie eigentlich stehen könnte: *Feministisch* orientierten User_Innen. Stattdessen lehnen diese die kritische Zitation in Form von komödiantischer Parodie ab, da sie befürchten, der inhaltliche Kern, d. h. die Stellung von Frauen innerhalb einer patriarchalen Gesellschaft, sollte nicht in Form einer parodistischen Inszenierung thematisiert werden. Indirekt besteht an dieser Stelle somit auch eine Forderung nach Zensur, welche die komödiantische Inszenierung dieses Sachverhalts unterbindet. In Anlehnung an Butler lässt sich sagen, dass die Zensur ein Instrumentarium darstellt, welches das *Verbotene* erst diskursiv hervorbringt und reproduziert: „Die Zensur geht dem Text (worunter ich auch Sprechen und andere Formen kulturellen Ausdrucks verstehe) voraus und ist in gewissem Sinn für seine Produktion verantwortlich."[163] Mit der Forderung nach einer Nicht-Thematisierung sorgt also die Position, welche gegen die komödiantische Inszenierung eintritt, für eine Reproduktion hegemonialer Machtstrukturen durch die vorliegende Inszenierung. Sie kontextualisiert die Performance somit nicht innerhalb neuer Bedeutungsketten und produziert keine neuen diskursiven Konfigurationen.

Zusammenfassend lässt sich festhalten, dass die Resignifizierung nicht lediglich bei Community-Mitgliedern scheitert, die die Kritik hinter der Zitation nicht als solche verstehen, und daraufhin sexistische Inhalte zelebrieren, sondern auch bei jenen, die *feministisch* engagiert sind und gegen sexistische Äußerungen eintreten. Diese erachten größtenteils die kritische Zitation als illegitimes Mittel, um Widerstand zu leisten.

Es wird deutlich, wie schwierig es ist, eine allgemeingültige Definition von *Feminismus* zu formulieren. Statt eines handfesten Standpunktes gibt es vielmehr verschiedene Argumentationslinien und Forderungen innerhalb des *feministischen* Diskurses. Die Klärung der Frage, was *Feminismus* sei, kann also lediglich aus verschiedenen Perspektiven und mit

162 http://www.youtube.com/watch?v=qqXi8WmQ_WM (25.06.2012).

163 Butler, J. (1998), a.a.O., S. 182.

differenten Theoriehintergründen geschehen, nicht jedoch eineindeutig beantwortet werden.

7.4. Widerständiges YouTube?

„Kein Code oder Netzwerk kann ausschließlich der guten Sache dienen. Es kann nur Entwürfe, Konzepte, Essays, Versionen geben – und *Request For Comment.*"[164]
GEERT LOVINK

Auf die Frage eines Reporters, welche Reaktionen Jon Lajoie auf seine Videos erhalten habe, antwortete er:

„Mainly emails. Some good stuff, though. I remember getting lots of feedback from feminist groups about Show Me Your Genitals, saying I did a good job of approaching sexism in an original way. Then there's the guy who doesn't get the joke and says, "Yeah dude, right on, girls don't know shit!"[165]

Jon Lajoie spricht an dieser Stelle also genau die Problematik an, die subversiven Wiederaneignungsprozessen inhärent sind. Performative Sprechakte müssen sich zum einen aus Konventionen herleiten, um intelligibel, d. h. nachvollziehbar zu sein, und zum anderen müssen genau diese Konventionen in einem zweiten Schritt kritisch reflektiert werden. Dieser Tatbestand führt zu einem generellen Problem: „An bestehende Codes anzuknüpfen, sie zu zitieren und als Echo wiederzugeben birgt immer das Risiko der Affirmation und der gefälligen Konsumierbarkeit."[166] Es lässt sich also sagen, dass sowohl der Kontext, als auch die beteiligten Personen ausschlaggebend für mögliche (Re-) Formulierungen sind. Butler weist in ihrer Arbeit selbst auf diese Problematik hin und exemplifiziert sie anhand des Unterschiedes zwischen einer theatralischen und außertheatralischen Performance:

„Obgleich theatralische Performances auf politische Zensur und schneidende Kritik stoßen können, werden Geschlechter-Inszenierungen in außertheatralischen Kontexten eindeutiger durch strafende und regulierende gesellschaftliche Konventionen beherrscht. Der Anblick eines Transvestiten auf der Bühne kann Vergnügen und Applaus hervorrufen, während der Anblick des

---

164 Lovink, G., a.a.O., S. 23.

165 Now (o.J.): Interview with Jon Lajoie. YouTube Comedian from Montreal at CMW. http://www.nowtoronto.com/daily/story.cfm?content=168457 (25.06.2012).

166 Villa, P. (2006), a.a.O., S. 187.

gleichen Transvestiten auf dem Platz neben uns im Bus zu Furcht, Zorn, ja zu Gewalt führen kann. Die Konventionen, die in diesen beiden Fällen Nähe und Identifikation vermitteln, sind deutlich verschiedene."[167]

Sie weist also darauf hin, dass jeder Kontext bestimmte Konventionen aufweise, welche wiederum eine große Rolle in Bezug auf die Einordnung bestimmter Performances spielen. Das Spektrum der darauffolgenden Kontextualisierung kann sich dermaßen breit gestalten, dass es durchaus zwischen Applaus und Gewalt variieren kann. Butler führt die unterschiedlichen Reaktion darauf zurück, dass der theatralische Akt als Imagination begriffen werde und somit keine Gefahr für bereits etablierte Konventionen darstelle, wohingegen der außertheatralische Akt innerhalb lebensweltlicher Konventionen verortet werden müsse, was bei einer zu großen Irritation nicht gelinge und somit zu großem Widerstand führe. Doch wie verhält es sich nun mit den Konventionen auf der Videoplattform YOUTUBE?

Zu allererst ist festzuhalten, dass es im Vergleich zur *realen Welt* innerhalb der Virtualität nur schwer möglich ist, zu bestimmen, auf welche Konventionen die User_Innen zurückgreifen. Es lässt sich dennoch argumentieren, dass es das *Netz* als solches gar nicht gibt, sondern dass es sich hierbei vielmehr um eine unüberschaubare Menge von Teilöffentlichkeiten handelt, die sich in Form von Plattformen gegeneinander abgrenzen. So gibt es Plattformen mit einer bestimmten politischen Ausrichtung, mit bestimmten Themenschwerpunkten etc., in denen sich diejenigen Prosumer austauschen, welche bestimmte Konventionen teilen. Mit der Videoplattform YOUTUBE verhält es sich allerdings anders: Sie gehört zu denjenigen Plattformen, welche keinem übergeordneten Sinn unterliegen, stattdessen inszeniert sie sich vielmehr als potenzielles Sprachrohr für Jedermann. Das bedeutet also, dass YOUTUBE ein Konglomerat aus Sprechakten darstellt, welche sich auf unterschiedlichste Konventionen berufen. Die Wirkung von potenziell subversiven und kritischen Performances ist deshalb auf der Videoplattform YOUTUBE derartig riskant wie an kaum einem anderen Ort. In diesem Sinne weist YOUTUBE eine gewisse Janusköpfigkeit auf: Auf der einen Seite werden (scheinbar) keine Grenzen in Bezug auf Partizipation und Verbreitung von Inhalten gesetzt, so dass man potenziell einen enorm großen Rezipientenkreis erreichen kann. Auf der anderen Seite führt die Verbreitung innerhalb dieses hypertextuellen und konventionsreichen Mediums zu einer gesteigerten Dekontextualisierung symbolischer Kon-

167 Butler, J. (2002), a.a.O., S. 313ff.

figurationen. Somit entsteht ein variables, diskursives Ganzes, welches nicht mehr steuerbar ist. Die Performance wird von den unterschiedlichsten Kontextualisierungen gerahmt, so dass immer die Gefahr besteht, dass die durch die Community vorgenommene Rahmung zu unterschiedlichsten Sinnzuschreibungen führt. Sinn ist somit nicht festschreibbar und unkontrollierbar. Eine ursprünglich als widerständig gemeinte Performance läuft stetig Gefahr, innerhalb klassischer Bedeutungsketten rekontextualisiert zu werden, was dann dazu führt, dass die Performance plötzlich im Zeichen des *Ursprungsdiskurses* steht. Selbst wenn man auf Community-Mitglieder mit einer ähnlichen Intention trifft, d. h. auf jene, die ebenfalls Widerstand leisten wollen, ist nicht absehbar, auf welche Konventionen diese zurückgreifen und innerhalb welches Diskurses sie die Performance verorten. Es lässt sich festhalten, dass die Körperlosigkeit des Webs, also der Aspekt, der die Hoffnungen und Verheißungen cyberfeministischer Auseinandersetzungen mit stützt, sich nun als jener Faktor erweist, der zu einer gesteigerten Dekontextualisierung von Bedeutungen führt und die Bedingungen für Resignifizierungsprozesse eher hinderlich gestaltet. Innerhalb der körperunabhängigen, d. h. von der körperlichen Präsenz unabhängigen, Virtualität lässt sich weder ein bestimmer Rezipientenkreis auswählen, noch lässt sich der Kontext der Inhalte, d. h. der Bedeutungsrahmen hinlänglich steuern oder kontrollieren.

7.5. Multiple Geschlechterarrangements im Web 2.0?

Sowohl hinter dem Cyberfeminismus, als auch hinter Butlers Konzept der Performativität von Geschlechtlichkeit steckt die Forderung nach einer Vervielfältigung von (geschlechtlichen) Identitäten. Das feministische Engagement besteht also darin, das Geschlecht zu entnaturalisieren und somit Grenzen zu verwischen bzw. aufzulösen. Nach Butler soll mithilfe der Geschlechter-Parodie das vermeintliche Original selbst als Imitation entlarvt werden, so dass eine fortwährende Verschiebung von Bedeutungen stattfinden und letztendlich zu einer Öffnung des Blickes für *abweichende, unnormale* (geschlechtliche) Identitäten führen. Cyberfeminitsische Akteur_Innen formulieren ihre Forderungen etwas deutlicher als Judith Butler dies in ihrem Konzept der Performativität tut, und dennoch geht es um dasselbe: Die Forderung nach der

Entnaturalisierung von Geschlechtlichkeit beinhaltet die Aufhebung des binären Geschlechtercodes, woraufhin unvorhersehbare Begehrensspektren entwickelt werden können. Die cyberfeministischen Akteur_Innen zielen dabei ganz konkret auf das Internet als technologische Alternative und konstruierten das Netz als repräsentativen Raum neuer Geschlechterarrangements. Mittlerweile hat sich eine *Participatory Culture* im Netz herausgebildet, welche unvorhersehbare Kommunikationsstrukturen und Interaktionsmuster hervorgebracht hat. Daher scheint es nun legitim die kritische Frage zu stellen, ob sich cyberfeministische Utopien eingelöst haben und das Netz tatsächlich als Raum für Entnaturalisierungs- und Verfielfältigungsprozesse zu beschreiben ist. Es lässt sich festhalten, dass die Herausbildung zahlreicher Teilöffentlichkeiten im Web dazu geführt hat, dass sich zwar zahlreiche cyberfeministische Netzwerke etabliert haben, wie das der VNS-Matrix oder das Old Boys Network, die Durchsetzung von deren Zielen aber auf anderen Websites bzw. Plattformen kaum gelingt. Die Analyse des Videos „Show me your genitals" auf der Videoplattform YOUTUBE hat gezeigt, dass eine intentionale Interessendurchsetzung im Web, aufgrund der Spezifika des Mediums, nur schwer durchsetzbar ist. Stattdessen lässt sich eine Verschärfung hegemonialer Geschlechterbeziehungen beobachten, die fern ab von Multiplizität und Offenheit funktioniert. Die Parodie von hegemonialen Geschlechterkonstruktionen impliziert somit noch nicht automatisch die Kritik am Geschlechterdualismus. Zwar kann in Ansätzen, wenn auch spärlich, beobachtet werden, dass z. B. eine Verfielfältigung von Männlichkeitsbildern, und somit auch Weiblichkeitsbildern, stattfindet, allerdings schafft es diese Verfielfältigung noch nicht, die Dualität von Geschlechtlichkeit im Allgemeinen zu durchbrechen. Die vorliegende Parodie von Geschlechterstereotypen im Hip-Hop-Genre kann zwar in Ansätzen einen Beitrag zur Etablierung neuer Geschlechterkonventionen leisten, wobei eine Kritik an der essentiellsten Annahme über die Geschlechtlichkeit, nämlich der Geschlechterbinarität, dennoch vollständig ausbleibt.

8. Bilanz – Möglichkeiten und Grenzen des Widerstandes im Web 2.0

Die kultur- und medienwissenschaftliche Analyse der Performativität von Geschlechtlichkeit auf der Videoplattform YOUTUBE hat verdeutlicht, dass die Performativität von Geschlecht stets in Hinblick auf ihre medienspezifische Prozesshaftigkeit untersucht werden muss. In diesem Sinne geht es nicht lediglich darum, den performativen Charakter von Geschlecht herauszustellen, sondern vielmehr die Spezifika des Mediums Internet herauszuarbeiten und diese in Bezug auf ihre Bedeutung für die Performativität von Geschlechtlichkeit zu untersuchen. So konnte herausgestellt werden, dass die Hypertextualität des Mediums Internet spezifische Charakteristiken aufweist, die eine Modifikation des Butler'schen Performativitätskonzeptes unabdingbar machen. Die Auseinandersetzung mit Geschlechtertheorien ist somit unmittelbar mit Medientheorien verknüpft, bedenkt man, dass „Gender-Diskurse außerhalb von Medien gar nicht zugänglich sind"[168]. Der Blick auf den Sprechakt innerhalb hypertextueller Strukturen zeigte auf, dass dieser nicht als physischer Akt zu verstehen ist und somit in Unabhängigkeit von der Präsenz des Sprechenden aufgerufen werden kann. Die darauf folgende Dekontextualisierung des Sprechaktes, sowie die Dynamisierung und Unkontrollierbarkeit der Re-Kontextualisierungsprozesse konnten als zentrale Merkmale der performativen Herstellung von Geschlechtlichkeit innerhalb hypertextueller Strukturen herausgearbeitet werden. Da Butlers Konzept der Performativität ebenso ein Konzept des Widerstandes bereit stellt, lässt sich nun die Frage beantworten, ob sich die Imagination eines Raumes, welcher frei von hegemonialen Macht- und Herrschaftsstrukturen existiert, tatsächlich eingelöst hat. Die Beantwortung dieser Frage ist zugleich ernüchternd und desillusionierend. Die Architektur der Plattform YOUTUBE unterbindet zwar eine unilaterale Macht und evoziert die Mehrdeutigkeit von Sprache. Dennoch führt die Sinnzuschreibung innerhalb multidirektionaler Bedeutungsstrukturen dazu, dass sich ein widerständiger Akt, in Form einer Parodie, mit dem enorm hohen Risiko konfrontiert sehen muss, innerhalb klassischer Bedeutungsketten rekontextualisiert zu werden. Die Videoplattform YOUTUBE

[168] Seier, Andrea (2007): Remediatisierung. Die performative Konstitution von Gender und Medien. Berlin., S. 8.

erlaubt es nicht, ein spezifisches Setting zu nutzen, um Resignifizierungsprozesse in Gang zu setzen. Im Gegensatz zu der Aufführung einer parodistischen Performance z. B. in einem Kabarett-Theater, ist aufgrund der gesteigerten Dekontextualisierung im Netz nicht hinreichend geklärt, wie die Performance eingeordnet wird. Dies führt zwar zu einer größtmöglichen Offenheit seitens der Rezipient_Innen, birgt aber auch das hohe Risiko, dass diese innerhalb des *Ursprungsdiskurses*, d.h. innerhalb eines hegemonialen Verständnisses von Geschlechtichkeit, verortet wird, bzw. dieses noch verschärft. Die Analyse der Debatten um das vorliegende Video zeigten auf, dass das Internet keine technologische Alternative zu lebensweltlichen Gender-Entwürfen darstellt, sondern vielmehr, dass sich hegemoniale Diskurse dort reproduzieren und zuspitzen. Das imaginierte *Experimentallabor* neuer Geschlechtsentwürfe entpuppt sich also rund 30 Jahre später als normierende und regulierende Instanz. Der Versuch, neue Technologien nutzbar zu machen, um der Geschlechterbinarität zu entfliehen kann somit als gescheitert angesehen werden. Cyberfeministische Argumentationen, welche den Kampf gegen die patriarchale Macht im Cyberspace einfordern, gehen zumeist von einem repressiven Machtmodell aus. Im Laufe der Analyse von YOUTUBE zeigt sich jedoch, dass die Problematik eher im Bereich von Normierungsprozessen innerhalb der Community liegt. Zwar kann jede/r User_In ein Video bei YOUTUBE hochladen und dabei vielleicht sogar eine bestimmte Intention verfolgen, über die dynamische Bedeutung der Inhalte allerdings bestimmt nicht der Hochladende bzw. Performende selbst, sondern vielschichtige diskursive Prozesse der Sinnherstellung, welche innerhalb der Community ausgehandelt werden. Wir haben es also nicht mit einer repressiven Macht zu tun, die Handlungsspielräume einschränkt, sondern vielmehr mit einer produktiven Macht, die innerhalb der Community wirksam wird. So zeigte sich, dass die Ausrufung einer *Participatory Culture* nicht selbstredend zu neuen Freiräumen innerhalb des Netzes führen muss. Stattdessen werden Irritationen und kritische Anführungen innerhalb bereits tradierter Normen- und Wertemuster verortet, so dass sich die Etablierung pluralistischer Denkstrukturen – und somit auch pluralistischer Genderentwürfe – innerhalb hypertextueller Strukturen äußerst schwierig gestaltet. Wir bewegen uns in diesem Themenfeld auf dem schmalen Grad zwischen Subversion und Affirmation und stellen fest, dass Veränderungen bezüglich tradierter Normvorstellungen innerhalb des multilinearen Webs so rudimentär sind, dass das einst hochgehaltene Kritikpotenzial des Performativitätsansatzes im digitalen Zeitalter neu perspektiviert werden muss, wobei man nicht umhin kommt, medienimmanente Konstitutionsprozesse mitzudenken. Im Laufe der Analyse wurde also offengelegt, dass sogenannte Empowerment-Thesen, die die Möglichkeit der Etablierung bestimmter Gegen-Öffentlichkeiten im Netz propagieren, nur bedingt zur Beschreibung der Realität des Netzes dienlich sind.

Obwohl also ein repressives Machtmodell die Strukturen des Netzes nicht hinreichend erfassen kann, so lässt sich allerdings festhalten, dass das Internet nicht als Raum fungiert, welcher vollends frei von repressiven Mächten existiert. Juridische Vorgaben und die Regulierung von Daten sind als Ausdruck eines dem Medium Internet inhärenten Machtgefälles zwischen Server und Klient_In, bzw. Unternehmen und Kund_In, anzusehen. Die Analyse von YOUTUBE hat ergeben, dass die digitale Kultur von der Herausbildung einer Dialektik gekennzeichnet ist. Community-Gedanke und Kommerzialisierung sind mittlerweile so eng miteinander verflochten, dass eine Betrachtung des *user generated content* ohne die Verzahnung mit wirtschaftlichen Interessen kaum noch möglich ist. Stattdessen entwerfen Plattformen für die User_Innen unüberschaubare Ordnungssysteme, indem sie Löschungen und Kategorisierungen nach eigenem Ermessen vornehmen, welche weitestgehend für die Nutzer_Innen intransparent bleiben. Diese Regulierung von Daten führt nun zu einer kritischen Betrachtung der angeblichen Demokratisierung des Webs und der ausgerufenen *Freiheit* der User. Zum einen lässt sich sagen, dass die Möglichkeit zur uneingeschränkten Partizipation aus globaler Perspektive noch immer ein Privileg der westlichen Kultur darstellt, bedenkt man, dass vielerorts sowohl ein Computer, als auch ein Internetzugang als unerreichbar gelten. Darüber hinaus verhindert vielerorts die politische Zensur des Internet den uneingeschränkten Zugriff auf spezifische Webdienste und Information. Zum anderen zeigt sich, dass die Verflechtung des Webs mit wirtschaftlichen Interessen dazu führt, dass repressive Macht- und Herrschaftsstrukturen innerhalb des Webs zu einer unausgewogenen Präsentation bestimmter, ausgewählter Inhalte führen kann, ohne dass der User diese Strategien hinreichend gewahr wird. Die kritische Reflexion und Sichtbarmachung solcher Kontrollarchitekturen im Netz scheint unabdingbar, um Möglichkeiten und Grenzen des Mediums Internet entsprechend einschätzen zu können. Insbesondere in Hinblick auf die Entwicklung von Medienkompetenz scheint dies relevant zu sein, bedenkt man, dass die Nutzungsrate von Web-Diensten stetig steigt.

Nach dieser ernüchternden Bestandsaufnahme soll dennoch darauf hingewiesen sein, dass die Tatsache, dass die Plattform YOUTUBE, zumindest seitens der Community, eine unilaterale Macht unterbindet, und dessen Architektur die Mehrdeutigkeit von Sprache evoziert einen relativ großen Handlungsspielraum bereitstellt. Welche diskursiven (Geschlechter-)Normen hier entstehen werden, ob sie pluralistisch oder monistisch bzw. dualistisch sein mögen, dass liegt, neben der Regulierung durch Plattformbetreiber, auch zu einem großen Teil bei den User_Innen solcher Web-Dienste selbst. Des Weiteren lässt sich festhalten, dass ein durchschlagender Erfolg auf der Videoplattform YOUTUBE durchaus zu Erfolg in anderen gesellschaftlichen Bereichen und somit sogar zu Institutionalisierungsprozessen führen kann. Die Gründung des Plattenlabels Normal Guy Productions von Jon Lajoie ist somit zum einen Ausdruck der Kommerzialisierung des Webs, zum anderen lässt sich daran allerdings auch exemplifizieren, dass der Versuch, neue wirkmächtige Konventionen in Form einer Institutionalisierung zu schaffen durchaus auch über das Web hinaus gesellschaftlich effektiv sein kann. Dass es sich hierbei allerdings eher um kommerzielle, statt politische Motive handelt scheint offensichtlich, wobei dies die Effektivität für die Gesellschaft nicht unbedingt untergraben muss.

Um nun einen Ausblick für weitere Perspektivierungen zu geben, ist zu sagen, dass die Frage nach der Möglichkeit, im Netz neue Konventionen zu schaffen automatisch zu Fragen nach Reg(ul)ierungsprozessen im Netz führt, so dass eine nähere Beschäftigung mit dieser Fragestellung mithilfe des Foucault'schen Gouvernementalitätskonzeptes anschlussfähig wäre. Ein Konzept, welches die Performativität von Geschlechtlichkeit zusammen mit dem Gouvernementalitätsansatz denkt, könnte künftig nutzbar gemacht werden, um das Gelingen von Resignifizierungsprozessen in Hinblick auf Normalisierungs- und (Selbst-) Regulierungsprozesse beurteilen zu können. Insbesondere für das Medium Internet scheint dies von Relevanz zu sein, wird dieses Medium doch wie kaum ein anderes als *freiheitlich, offen* und *innovativ* propagiert. Eine generalisierende Aussage über Gender und das Web 2.0 lässt sich ohnehin nicht treffen, da sich das Web in unterschiedlichste Teilöffentlichkeiten gespalten hat, so dass der analytische Blick stets auf einen bestimmten Teilbereich fokussieren muss. An die wissenschaftliche Auseinandersetzung mit dem Medium Internet werden künftig, insbesondere in Bezug auf die Forschungsmethodik, vermutlich einige Schwierigkeiten herangetragen werden, bedenkt man, dass die Auseinandersetzung mit einem solch dynamischen Medium lediglich eine Betrachtung des Status Quo darstellen kann und die qualitative, wie quantitative Analyse der Datenfülle eine enorme Herausforderung darstellt. Nichts desto trotz wird deutlich, dass eine Auseinandersetzung mit widerständigen Prozessen im Netz nicht ohne eine medientheoretische Analyse auskommen kann und sich vorhandene Modelle von Widerstand somit einer medientheoretischen Erweiterung bzw. Modifikation unterziehen lassen müssen.

9. Abbildungsverzeichnis

10. Literatur

Alexa. The Web Information Company (2010): Site Info – facebook.com. http:// www.alexa.com/siteinfo/facebook.com (11.03.2010).

Alexa. The Web Information Company (2010): Top Sites. Global 500. http:// www.alexa.com/topsites (12.01.2010).

Alexa. The Web Information Company (2010): Top Sites. Global 500. http:// www.alexa.com/siteinfo/youtube.com#keywords (11.03.2010).

Austin, John L. (2002): Zur Theorie der Sprechakte. Zweite Vorlesung. In: Wirth, Uwe (Hrsg.): Performanz. Zwischen Sprachphilosophie und Kulturwissenschaften. Frankfurt a.M.: Suhrkamp. S. 72-82.

Barthes, Roland (2002): Der Tod des Autors. In: Wirth, Uwe (Hrsg.): Performanz. Zwischen Sprachphilosophie und Kulturwissenschaften. Frankfurt a.M.: Suhrkamp. S. 104-110.

Benhabib, Seyla (1993): Feminismus und Postmoderne. Ein prekäres Bündnis. In: Benhabib, Seyla; Butler, Judith; Drucilla, Cornell; Fraser, Nancy: Der Streit um Differenz. Feminismus und Postmoderne in der Gegenwart. Frankfurt a.M.: Fischer Verlag. S. 9-30.

Bonik, Manuel (1999): Nullen + Einsen http://www.spiegel.de/kultur/literatur/ 0,1518,18622,00.html (09.02.2010).

Burgess, Jean; Green, Joshua (2009): YouTube. Digital Media and Society Series. Cambridge: Politiy.

Butler, Judith (1991): Das Unbehagen der Geschlechter. Frankfurt a.M.: Suhrkamp.

Butler, Judith (1997): Körper von Gewicht. Die diskursiven Grenzen des Geschlechts. Frankfurt a.M.: Suhrkamp.

Butler, Judith (1998): Hass spricht. Zur Politik des Performativen. Berlin: Berlin Verlag.

Butler, Judith (2002): Performative Akte und Geschlechterkonstitution. Phänomenologie und feministische Theorie. In: Wirth, Uwe (Hrsg.): Performanz. Zwischen Sprachphilosophie und Kulturwissenschaften. Frankfurt a.M.: Suhrkamp. S. 301-322.

Butler, Judith (2009): Die Macht der Geschlechternormen und die Grenzen des Menschlichen. Frankfurt a.M.: Suhrkamp.

Carstensen, Tanja (2008): Gender Trouble im Web 2.0 – Sexismus, Homophobie, Antifeminismus und Heteronormativität im neuen alten Internet. http://www.feministisches- institut.de/web2/ (15.07.2009).

Conell, Robert (2006): Der gemachte Mann. Konstruktion und Krise von Männlichkeiten. Wiesbaden: VS Verlag für Sozialwissenschaften.

Dekker, Arne: Körper und Geschlecht in virtuellen Räumen. Vortrag bei NGaT am 14. Januar 2006 in Malente. http://www.ngat.de/download/ 0601Dekker.pdf (02.12.2009).

Deuber-Mankowsky, Astrid (2005): Natur/Kultur. In: Braun, Christina von; Stephan, Inge (Hrsg.): Gender@Wissen. Ein Handbuch der Gender-Theorien. Köln: Böhlau Verlag. S. 200-219.

Deuber-Mankowsky, Astrid (2007): Das virtuelle Geschlecht. Gender und Computerspiele, eine diskursive Annäherung. In: Holtorf, Christian; Pias, Claus (Hrsg.): Escape! Computerspiele als Kulturtechnik. Köln; Weimar; Wien: Böhlau Verlag. S. 85-104.

Deuber-Mankowsky, Astrid (2008): Eine Frage des Wissens. Gender als epistemisches Ding. In: Angerer, Marie-Luise; König, Christiane (Hrsg.): Gender goes life: Die Lebenswissenschaften als Herausforderung für die Gender Studies. Bielefeld: transcript Verlag. S. 137-162.

Draude (o.J.): Introducing Cyberfeminism. Ist Cyberfeminismus die feministische BenutzerInnenoberfläche für das neue Jahrtausend? Eine Einführung in den digitalen Ungehorsam von Claude Draude. http://www.obn.org/reading_room/writings/html/intro.html (12.11.2009).

Draude, Claude (o.J.): Introducing Cyberfeminism. http://www.obn.org/reading _room/writings/html/ intro.html (12.11.2009).

Foucault, Michel (1982): Warum ich Macht untersuche. Die Frage des Subjekts. In: Focault, Michel; Seitter,Walter: Das Spektrum der Genealogie. Bodenheim: Philo.

Foucault, Michel (2000): Was ist ein Autor? In: Jannidis, Fotis; Lauer, Gerhard; Martinez, Matias; Winko, Simone (Hrsg.): Texte zur Theorie der Autorschaft. Stuttgart: Reclam. S. 194-229.

Haraway, Donna J. (1995): Ein Manifest für Cyborgs. Feminismus im Streit mit den Technowissenschaften. In: Dies.: Die Neuerfindung der Natur. Primaten, Cyborgs und Frauen. Frankfurt; New York: Campus Verlag. S. 33-72.

Hoff, Dagmar von (2009):Performanz / Repräsentation. In: von Braun, Christina, Stephan, Inge (Hrsg.): Gender@Wissen. Ein Handbuch der Gender-Theorien. Köln: Böhlau Verlag. S. 162-179.

It's Rodney, Mann (2009): Jon Lajoie Interview (uncensored). http://rodneymann.blogspot.com/2009/09/jon-lajoie-interview-uncensored .html (18.08.2010).

Jenkins, Henry (2006): Convergence Culture: Where Old and New Media Collide. New York: NYU Press.

Keen, Andrew (2007): Die Stunde der Stümper. Wie wir um Internet unsere Kultur zerstören. München: Hanser Verlag.

Kilian, Thomas; Hass, Berthold H.; Walsh, Gianfranco (2008): Grundlagen des Web 2.0. In: Dies. (Hrsg.): Web 2.0. Neue Perspektiven für Marketing und Medien. Berlin; Heidelberg: Springer Verlag.

Knappe, Martin; Kracklauer, Alexander (2007): Von Web 1.0 zu Web 2.0 – eine neue Ära? In: Dies.: Verkaufschance Web 2.0: Dialoge fördern, Absätze steigern, neue Märkte erschließen. Wiesbaden: Gabler Verlag.

Kuni, Verena (2002): Cherchez la Femme Fatale Digitale? Weit mehr als neue Masche: Cyberfeministische Netzwerkpraxis. http://www.kuni.org/v/obn/ vk_cf_sht.pdf (04.02.2010)

Lessig, Lawrence (2001): Code und andere Gesetze des Cyberspace. Berlin: Berlin Verlag.

Lessig, Lawrence (2008): Remix. Making Art and Commerce Thrive in the Hybrid Economy. New York: Penguin Press.

Lévy, Pierre (1997): Die kollektive Intelligenz. Für eine Anthropologie des Cyberspace. Mannheim: Bollmann.

Lovink, Geert (2003): Dark Fiber. Auf den Spuren einer kritischen Internetkultur. Hrsg. v. d. Bundeszentrale für politische Bildung. Schriftenreihe Band 425. Bonn: Bundeszentrale für politische Bildung.

Maresch, Rudolf (2004): Der Hype ist vorbei. Das Internet ist in der Realität angekommen. http://www.wissensnavigator.com/documents/internethype _000.pdf (09.02.2010)

Maresch, Rudolf; Rötzer, Florian (2001) (Hrsg.): Cyberhypes. Möglichkeiten und Grenzen des Internet. Frankfurt a.M.: Suhrkamp.

Medienpädagogischer Forschungsverband Südwest (2009) (Hrsg.): JIM 2009. Jugend, Information,(Multi-)Media. Basisstudie zum Medienumgang 12- bis 19-Jähriger in Deutschland. http://www.mpfs.de/index.php?id=225 (08.07.2012).

Müller, Hans-Rüdiger (2002): Sinne und Verstand. Traditionen eines Bildungsdiskurses. In: Schüler. Themenheft Körper. S. 30-33.

Münker, Stefan (2009): Emergenz digitaler Öffentlichkeiten. Die Sozialen Medien im Web 2.0. Frankfurt a.M.: Suhrkamp.

Now (o.J.): Interview with Jon Lajoie. YouTube Comedian from Montreal at CMW. http://www.nowtoronto.com/daily/story.cfm?content=168457 (25.06.2010).

von Oldenburg, Helene (o.J.): What is Cyberfeminism. http://www.obn.org/ reading_room/writings/html/statistics.html (06.02.2010).

O'Reilly, Tim (2005): What Is Web 2.0? Design Patterns and Business Models for the Next Generation of Software, http://oreilly.com/web2/archive/what-is-web-20.html (06.01.2010).

Pauleit, Winfried (2001): Videoüberwachung und postmoderne Subjekte. Ein Hypertext zu den Facetten einer zeitgenössischen Bildmaschine. In: Nach dem Film 3. http://www.nachdemfilm.de/content/video%C3%BCberwachung-und-postmoderne-subjekte (11.12.2009).

Pellegrini, Tassilo; Blumauer, Andreas (2009): The Social Semantic Web: Web 2.0 – was nun? Berlin; Heidelberg: Springer Verlag.

Plant, Sadie (1998): nullen + einsen. Digitale Frauen und die Kultur der neuen Technologien. Berlin: Berlin Verlag.

Pol.it - The italian on line psychiatric magazine (1996): Interview with Sherry Turkle. http://www.priory.com/ital/turkleeng.html (20.12.2009).

Poster, Mark (2005): Medienphilosophie des Internet. In: Mike Sandbothe, Nagl, Ludwig (Hrsg.): Systematische Medienphilosophie. (Deutsche Zeitschrift für Philosophie. Sonderband 7). Berlin: Akademie Verlag.

Reichert, Ramón (2008): Amateure im Netz. Selbstmanagement und Wissenstechnik im Web 2.0. Bielefeld: transkript Verlag.

Sandbothe, Mike (2005): Interaktivität – Hypertextualität – Transversalität. Eine medienphilosophische Analyse des Internet. In: Ders.; Nagel, Ludwig (Hrsg.): Systematische Medienphilosophie. Berlin: Akademie Verlag.

Schögel, Marcus; Walter, Verena (2008): Behavioral Targeting. Chancen und Risiken einer neuen Form des Online-Marketing. In: Meckel, Miriam; Stanoevska-Slabeva, Katarina (2008): Web 2.0. Die nächste Generation Internet. Baden-Baden: Nomos Verlagsgesellschaft.

Seier, Andrea (2007): Remediatisierung. Die performative Konstitution von Gender und Medien. Berlin: Lit Verlag.

Snickars, Pelle; Vonderau, Patrick (2009) (Hrsg.): The YouTube Reader. Stockholm: National Library of Sweden.

Stanoevska-Slabeva, Katharina (2008): Web 2.0 – Grundlagen, Auswirkungen und zukünftige Trends. In: Meckel, Miriam; Stanoevska-Slabeva, Katarina, Web 2.0. Die nächste Generation Internet. Baden-Baden: Nomos Verlagsgesellschaft.

Stone, Sandy Alluquére (1987): A posttranssexual manifesto. In: Dies.: The Empire Strikes Back: A Posttranssexual Manifesto. http://www.actlab. utexas.edu/~sandy/empire-strikes-back (07.02.2010).

süddeutsche.de (2010): Das wurde aus den YouTube-Stars. http://www.sued deutsche.de/ computer/706/506872/text/ (15.04.2010).

Turkle, Sherry (1995): Leben im Netz. Identität in Zeiten des Internet. Reinbek bei Hamburg: Rohwolt.

Video Sundry (o.J.): "Show me your genitals" Lyrics & Words by Jon Lajoie. http://www.videosundry.com/music-videos/show-me-your-genitals-jon-lajoie/ (19.05.2010).

Villa, Paula-Irene (2004): (De)Konstruktion und Diskurs-Genealogie: Zur Position und Rezeption von Judith Butler. In: Becker, Ruth; Kortendiek, Beate (Hrsg.): Handbuch der Frauen- und Geschlechterforschung. Theorie, Methoden, Empirie. Wiesbaden: VS Verlag für Sozialwissenschaften.

Villa, Paula-Irene (2006): Sexy Bodies. Eine Reise durch den Geschlechtskörper. Wiesbaden: VS Verlag für Sozialwissenschaften.

VNS Matrix (1991): A Cyberfeminist Manifesto for the 21st Century. http://www.obn.org/reading_room/manifestos/html/cyberfeminist.html (04.02.2010).

VNS Matrix (1996): Bitch Mutant Manifesto. http://www.obn.org/reading_ room/manifestos/html/bitch.html (04.02.2010).

Vogel, Michael (2005): Humanoide wird Versuchstier der Kognitionsforschung. Robocup-Projekt der EU baut menschenähnlichen Roboter für das Studium mentaler Prozesse. In: Computer Zeitung. Nr. 16., S. 16. http://www.lira.dist.unige.it/press/ComputerZeitung.pdf.

Wirth, Uwe (2002): Performative Rahmung, parergonale Indexikalität. Verknüpfendes Schreiben zwischen Herausgeberschaft und Hypertextualität. In: Ders (Hrsg.).: Performanz. Zwischen Sprachphilosophie und Kulturwissenschaften. Frankfurt a.M.: Suhrkamp.

YouTube (2009): YouTube Datenschutzrichtlinien. http://www.youtube.com/t/ privacy?gl=DE&hl=de (20.04.2010).

YouTube (o.J.) Geschichte des Unternehmens. http://www.youtube.com/t/ company_history (10.04.2010).

YouTube (o.J.): Nutzungsbedingungen. http://www.youtube.com/create_acc ount?next=%2F%3Fgl%3DDE%26hl%3Dde (21.04.2010).

YouTube (o.J.): YouTube-Community-Richtlinien. http://de.youtube.com/t/com munity _Guidelines (20.04.2010).

Zeit.de (2010): Google-Mitarbeiter in Italien verurteilt. http://www.zeit.de/digital/internet/2010-02/google-youtube- italien (25.02.2009).

YouTube-Videos

YouTube (2006): A message From Chad and Steve. http://www.youtube.com/watch?v=QCVxQ_3Ejkg (25.06.2012).

YouTube (o.J.) Geschichte des Unternehmens. http://www.youtube.com/t/company_history (10.04.2010).

YouTube (2006): me so horny. http://www.youtube.com/watch?v=t0oALRL7uyY (25.06.2012).

YouTube (2006): N.W.A. – Straight Outta Compton. http://www.youtube.com/watch?v=DJ0_HYuR_fk& feature=related (10.06.2010).

YouTube (2007): still D.R.E.
http://www.youtube.com/watch?v=kG_qcud1ShM& feature=related (25.06.2012).

YouTube (2008): Show me your genitals.
http://www.youtube.com/watch? v=qqXi8WmQ_WM (11.07.2012).

Abbildungsquellen

Abb 1: Anmeldefenster 1:
http://www.youtube.com/create_account (25.04.2010).

Abb 2: Anmeldefenster 2:
https://www.google.com/accounts/ServiceLogin?uilel=3&service=youtube&passive=true&continue=http%3A%2F%2Fwww.youtube.com%2Fsignin%3Faction_handle_signin%3Dtrue%26nomobiletemp%3D1%26hl%3Dde_DE%26next%3D%252Findex%253Fgl%253DDE%2526hl%253Dde&hl=de_DE<mpl=sso (25.04.2010).

Abb 3: Der Videoplayer:
http://www.youtube.com/user/youtube?blend=1&ob=4 (25.05.2010).

Abb 4: Bewertungs- und Kommentarfunktion:
http://www.youtube.com/watch?v=YQSf8ORaMHY (02.05.2010).

Abb 5: Überblick über die Szenerie:
http://www.youtube.com/watch?v=qqXi8WmQ_WM (31.05.2010).

Abb 6: Klassische Szene eines Hip-Hop-Videos:
http://www.youtube.com/watch?v=DJ0_HYuR_fk (10.06.2010).

Abb 7: Zitation von ‚Männlichkeitssymbolen:
http://www.youtube.com/watch?v=qqXi8WmQ_WM (16.05.2010).

Verweise

http://lx.sysx.org/vnsmatrix

http://www.jonlajoie.com/aboutme.html

http://www.obn.org/inhalt_index.html

http://www.youtube.com/

Zeitfracht Medien GmbH
Ferdinand-Jühlke-Straße 7
99095 Erfurt, Deutschland
produktsicherheit@kolibri360.de